U0498340

西 南 财 经 大 学 人 口 研 究 成 果

四川省统计局
西南财经大学 四 川 省 人 口 与 发 展 数 据 实 验 室 资 助 出 版

生命历程视角下的

人口迁移与代际收入流动

SHENGMING LICHENG SHIJIAOXIA DE
RENKOU QIANYI YU DAIJI SHOURU LIUDONG

卢 冲 / 著

西南财经大学出版社

中国·成都

图书在版编目(CIP)数据

生命历程视角下的人口迁移与代际收入流动/卢冲著.—成都:西南财经
大学出版社,2024.5
ISBN 978-7-5504-6201-4

Ⅰ.①生… Ⅱ.①卢… Ⅲ.①人口迁移—关系—国民收入分配—研究—
中国 Ⅳ.①C922.2②F126.2

中国国家版本馆 CIP 数据核字(2024)第 103469 号

生命历程视角下的人口迁移与代际收入流动

卢冲 著

策划编辑:何春梅 周晓琬
责任编辑:周晓琬
责任校对:邓嘉玲
封面设计:墨创文化
责任印制:朱曼丽

出版发行	西南财经大学出版社(四川省成都市光华村街 55 号)
网 址	http://cbs.swufe.edu.cn
电子邮件	bookcj@swufe.edu.cn
邮政编码	610074
电 话	028-87353785
照 排	四川胜翔数码印务设计有限公司
印 刷	四川煤田地质制图印务有限责任公司
成品尺寸	170 mm×240 mm
印 张	12.25
字 数	201 千字
版 次	2024 年 5 月第 1 版
印 次	2024 年 5 月第 1 次印刷
书 号	ISBN 978-7-5504-6201-4
定 价	76.00 元

自 序

　　理解和预测我国人口流出地的空间分布和变化特征，是回答我国区域经济发展是否会更集聚和更不平衡等问题的关键。对人口流出地空间分布和特征变化的理解偏差，一方面会导致基础设施和公共服务供给不足而制约地区经济发展，另一方面会导致基础设施和公共服务过度供给造成资源浪费，以及地方政府沉重的财政负担。长期以来，我国人口流动的趋势在改变，劳动力空间配置特征在变化。人口流动涉及流入地和流出地两个方面，政府和学术界对流动人口的流入地空间分布、流入人口社会融入、公共服务获得等关注较多，对流动人口流出地空间分布等关注相对较少。因此，全面和精准理解我国人口流出地的空间分布和变化特征是未来学术研究和制定经济、社会等方面政策的基础性工作，也是确保我国地方政策、公共政策制定的科学性和准确性的关键，对我国经济发展具有重大意义。

　　如前所述，学界关于我国人口流动流入地空间特征已有较多的分析，对于我国人口流入地空间特征及变化已形成了基本的共识。然而，学界关于我国流动人口的规模、人口流出地的空间特征及其变化的研究较少。具体来说，我国规模庞大的流动人口来自哪里，规模有多大，人口流出地在空间上呈现什么特征，有哪些变动趋势，这些问题都没有得到充分研究，更未形成一致的认识。故本书将从生命历程视角对以上问题一一进行阐述。

　　是为序。

卢冲

2024 年 1 月 通博楼

前　言

　　阶层固化、代际流动降低的现象受到政府和国内外学者的广泛关注。人口迁移可以改变个体的生存和发展环境，对贫困人口的脱贫、发展以及代际流动产生着重要影响。本书基于微观调查数据，从生命历程的视角考察了我国人口迁移、公共服务、搬迁移民与代际收入流动的关系。

　　第一，详细阐述研究背景和意义，介绍所使用的研究方法和研究内容，并对创新点和不足进行概括性总结；界定核心概念，梳理国内外相关文献；总结理论基础和相关政策。首先，梳理人口迁移和代际收入流动相关理论，构建了理论分析基础。其次，整理与我国人口迁移相关的户籍、人口迁移、城镇化和搬迁移民政策，描述本书的政策背景。最后，基于理论分析基础和政策背景，提炼出本书的分析框架。

　　第二，展示我国人口迁移和代际收入流动的概况。首先，基于2014年中国健康与养老追踪调查—生命历程调查数据刻画了该数据样本的迁移特征，归纳和总结了不同搬迁移民方式的主要特征；其次，将2014年中国健康与养老追踪调查—生命历程调查数据与2013年中国健康与养老追踪调查数据进行匹配，得到4 472对父代—子代样本，测算迁移群体和未迁移群体的代际收入流动水平。最后，基于对我国人口迁移和代际收入流动概况的分析，提炼出本书将在第五、第六和第七章深入分析的三个研究问题。

　　第三，从生命历程视角刻画我国人口迁移的时空特征，探讨生命历程中的重要事件与人口迁移的关系。首先，利用生存分析方法中的乘积极限法（Kaplan-Meier方法），基于2014年中国健康与养老追踪调查—生命历程调查数据，刻画出其中45岁及以上个体从出生到调查时点的迁移概率分布特征。其次，对生命历程中我国人口迁移的空间分布、动态变化、原因、距离和居留时间特征进行了归纳和总结。再次，探讨了迁移群体和未迁移群体在居住地公共服务、人力资本和收入方面的差异性。最后，利用线性概率模型（LPM）、生存分析方法中的 Cloglog 模型和 Logit 模型，对生命历程中升学、就业和婚姻事件与人口迁移的相关关系及异质性特征进行了探讨。

第四，基于静态和动态分析模型，从生命历程的视角探讨了公共服务与人口动态迁移的关系。基于 2014 年中国健康与养老追踪调查——生命历程调查数据和《中国城市统计年鉴》数据，首先，使用条件 Logit 模型分析了公共服务对生命历程中首次迁移和再迁移的影响，以及不同生命历程时期和个体特征上的异质性。其次，使用《中国城市竞争力报告》等测算的城市生活质量指数作为公共服务指数的替代变量进行稳健性分析。最后，使用动态迁移模型，从动态分析视角探讨了公共服务对生命历程中人口迁移的影响，并与静态分析结果进行比较。

第五，以一个准自然实验探讨生命历程中未成年时期的人口迁移对代际收入流动的长期影响。基于 1994 年山东博山实施的搬迁移民项目的实地调查，实验组搬迁移民和控制组未搬迁移民家庭的问卷调查数据，首先利用绝对和相对代际收入流动测算方法对代际收入转换概率、代际收入弹性和代际收入相关系数等进行测算，进而对比迁移群体和未迁移群体代际收入流动水平的差异性。其次，基于准自然实验的研究方法探讨生命历程中未成年时期的人口迁移与代际收入流动的因果关系及异质性特征。最后，对生命历程中未成年时期的人口迁移与代际收入流动的作用机制进行了探讨。

本书的贡献主要体现在四个方面：

（1）拓展研究视角。第一，本书基于 2014 年中国健康与养老追踪调查——生命历程调查数据，从生命历程的视角探讨了我国人口迁移的规律，刻画了生命历程视角下我国人口迁移的特征，丰富了以人口普查数据和流动人口动态监测调查数据对我国人口迁移规律的研究。第二，基于个体迁移史和城市统计年鉴数据，从生命历程的视角探讨了公共服务对人口动态迁移的影响，将公共服务与人口迁移的研究，从静态视角拓展到动态视角。第三，本书还探讨了不同生命历程时期，公共服务与人口动态迁移的关系，拓展了现有对公共服务与人口迁移的认识。

（2）推动新方法的应用。经济学研究在最近 10 多年，通过将离散选择模型与生命周期思想相结合的方式，发展出了动态离散选择模型，该方法已被经济学家广泛地应用于美国、墨西哥等国家人口迁移问题的研究。本书基于我国人口的生命历程调查数据，尝试应用该方法构建出人口动态迁移模型，从动态分析视角探讨城市公共服务与我国人口动态迁移的关系，推动了这一新方法在研究中国人口迁移问题上的应用。

（3）研究区域的拓展。已有关于代际流动和孩子长期发展的研究多数是基于美国和欧洲国家的经验发展起来的，关于发展中国家的经验分析非常少。本书中有关我国代际收入流动和孩子长期发展的研究，弥补了已有研究对发展中国家研究较少的不足，拓展了代际流动和孩子长期发展研究的区域范围。并且，基于我国的经验研究能够提供不同的发现，具有不同的理论和政策含义。

（4）使用准自然实验方法识别了人口迁移与代际收入流动的因果关系。已有研究普遍显示，对于人口迁移与代际收入流动因果关系的识别是极为困难的，并且针对二者作用机制的探讨也较为缺乏。本书借助 1994 年发生在我国山东博山的一个搬迁移民准自然实验，使用准自然实验这一经济学因果识别的方法，从长期分析的视角探讨了我国人口迁移与代际收入流动的因果关系及作用机制。

卢冲

2023 年 9 月

目　录

第一章 绪论

第一节 背景和意义

一、研究背景

消除贫困，促进代际流动，缓解阶层固化，是关系个人发展和国家长治久安的重大问题。大量研究显示，我国代际收入流动呈现下降趋势，阶层固化日趋严重（Fan, 2016; Fan et al., 2021; Yuan, 2017）。人口迁移是一种改善自身生存和发展环境，摆脱贫困，促进经济发展，实现社会流动的重要途径。人口迁移主要是以增加就业机会等方式使得低收入群体摆脱代际贫困陷阱（孙三百，黄薇，洪俊杰，2012）。改革开放以来，我国人口迁移规模和范围日益增大，人口迁移与我国新型城镇化发展、经济增长紧密相关，并且已成为我国经济增长的一个重要源泉。统计显示，我国迁移人口从 1954 年的 2 200 万人（原新，邬沧萍，李建民，等，2009）增长到 2019 年的 2.36 亿人。从 1949 年到 2019 年，我国迁移人口数量经历了快速增长、急剧下降、再到快速回升并逐步稳定保持在高水平的过程。

长期以来，我国农村人口迁移受到诸多阻碍，并且，由于迁入城市的农村人口难以获得城市户籍，导致其在就业、子女上学和社会保障等方面受到严重歧视。户籍制度使得我国城乡之间形成了较大差距，促使我国人口迁移呈现出显著的钟摆特征，并且这种以钟摆形式的人口动态迁移特征比很多国家都突出。然而，劳动力要素的自主有序流动能够提高要素配置效率，激发社会创造力，推动经济发展质量变革。2020 年，中共中央、国务院出台《关于构建更加完善的要素市场优化配置体制机制的意见》，其中明确提出，建立城镇教育、就业创业、医疗卫生等基本公共服务与常住人口挂钩机制,推动公共资源按常住人口规模配置。人口迁移作为经济改革的重要组成部分,审视我国人口迁移应该在一个更广阔的视野下进行。因此,在我国人口动态迁移的背景下,从生命历程视角探讨公共服务与人口动态迁移的关系,将有利于引导我国劳动力要素配置效率的提升,完善要素市场化配置;同时,对推动我国新型城镇化战略和乡村振兴战略等也能提供经验支持。

1994 年《国家八七扶贫攻坚计划》实施以来,搬迁移民作为一种特殊的人口迁移形式,已成为我国扶贫的主要手段之一,也是我国人口迁移的重要组成部分。搬迁移民主要是通过将贫困地区的贫困人口搬移到贫困程度较低的地区长期居住和生活,改善其生计资本,促进其收入水平的提升;并为其子女提供更好的公共服务和居住环境,进而使其子女摆脱代际贫困的陷阱,实现贫困人口代际流动水平的提升。2001—2015 年,我国累计搬迁贫困人口 680 多万人;2016—2020 年,我国通过搬迁移民方式实现中西部地区约 981 万建档立卡贫困人口摆脱贫困。这种将贫困人口从生存环境和居住条件恶劣地区迁移到教育、医疗卫生等公共服务设施完善地区的扶贫方式是一种具有中国特色的面向机会的人口迁移(moving to opportunity,MTO)。搬迁家庭的未成年子女在其生命历程的早期经历了迁移这一重大生命事件,对其长期发展产生着持续、重大影响(刘玉兰,2013)。但遗憾的是,关于我国实施的这种搬迁移民是否使得搬迁时处于未成年时期的子女在其成年后实现了收入增长、代际向上流动尚缺乏相关经验证据。值得注意的是,这种以政府主导的搬迁移民是一种准自然实验。通过对这种搬迁移民方式的人口迁移与代际收入流动的研究,既可以探讨人口迁移与代际收入流动的因果关系,又可以了解人口迁移的长期影响。

综上可知,在我国阶层固化,代际收入流动水平降低,人口迁移规模大、范围广、时期长的宏观背景下,参考发展经济学,以及蔡昉、都阳和王美艳(2003)提出的劳动力流动的政治经济学分析框架,本书提炼出三个循序渐进的研究问题。首先,生命历程视角下,我国人口迁移的特征是什么?其次,生命历程中重要事件、城市公共服务对我国人口动态迁移产生着怎样的影响?最后,从生命历程的视角来看,生命历程中未成年时期的人口迁移与代际收入流动的因果关系是什么?对前两个问题的回答,有助于我们理解新型城镇化和经济深化改革过程中,我国人口是如何进行迁移以及迁移背后的驱动因素;最后一个对生命历程中未成年时期的人口迁移与代际收入流动长期影响的探讨，能够为改善阶层固化、促进代际流动，实现中华民族伟大复兴的中国梦提供政策参考。

二、研究意义

（一）理论意义

首先，从生命历程视角来理解我国人口迁移的时空特征，可以为检视二元经济结构理论、年龄—迁移率理论模型、推拉理论、公共品供给理论、代际收入流动理论等提供发展中国家的实践证据。

其次，通过对人口这一生产要素在区域间动态迁移的分析，可以为我国经济的空间结构优化和引导人口要素合理畅通有序流动提供理论依据。

最后，从生命历程的视角厘清我国人口迁移与代际收入流动的因果关系及作用机制，可以为理解人口迁移的长期影响提供理论参考。同时，可以在一般理论上拓展人口迁移与代际流动的研究前沿，为当前我国大规模开展的搬迁移民与移民安置的长效机制设计提供理论依据。

（二）现实意义

首先，从生命历程视角对我国人口迁移特征的分析显示，我国人口动态迁移具有向大城市和城市群聚集的趋势。这种人口迁移趋势的判断对于我国新型城镇化、区域协调发展和乡村振兴都具有政策启示。

其次，从生命历程视角探讨公共服务与人口动态迁移关系，为我们理解公共服务与人口迁移关系提供来自微观的证据。同时，还可以为我国公共服务均等化改革和城市人才政策的制定提供政策参考。

再次，基于生命历程中未成年时期的人口迁移与代际收入流动长期效应及作用机制的分析，可以对我国的搬迁移民政策等脱贫方式的长期效应进行评估，也对当前我国巩固脱贫攻坚成果和实施乡村振兴具有重要的决策价值。

最后，本书的研究还可以为设计以人口迁移为核心的社会流动政策提供基于经验证据的建议。

第二节 方法和内容

一、研究方法

我们主要使用的方法有生存分析法、线性概率模型（LPM）、条件Logit 模型、动态离散选择模型、准自然实验法、工具变量法和倾向得分匹配法。

第一，使用生存分析法中的 Kaplan-Meier 估计法从生命历程视角刻画我国人口迁移概率的分布特征；线性概率模型（LPM）、生存分析法中的离散时间 Cloglog 模型和 Logit 模型主要用于估计生命历程中升学、就业和婚姻事件对我国人口迁移的影响。

第二，条件 Logit 模型和动态离散选择模型主要用于从生命历程视角分析公共服务对我国人口动态迁移的影响及异质性特征。

第三，准自然实验法、工具变量法和倾向得分匹配法主要用于分析1994 年山东博山实施的搬迁移民项目，探讨生命历程中未成年时期的人口迁移与代际收入流动的因果关系及作用机制。

二、研究思路

第一，整理和归纳国内外人口迁移与代际收入流动文献，梳理相关研究的优势和不足，结合我国人口迁移与代际流动的背景和现状，提炼出本书的研究问题。本书的研究问题主要有：①生命历程视角下我国人口迁移的时间和空间特征是什么？②生命历程中重要事件与人口迁移的关系是什么？③生命历程视角下公共服务对我国人口动态迁移的影响是什么？④生命历程视角下未成年时期的人口迁移与代际收入流动的长期影响及作用机制是什么？

第二，在研究问题的指导下，首先，基于 2014 年中国健康与养老追踪调查—生命历程调查（CHARLS-LHS）数据从生命历程的视角探讨我国人口迁移的时间和空间特征，以及生命历程中升学、就业和婚姻事件对我国人口迁移的影响；其次，刻画生命历程中我国人口动态迁移特征，基于静态和动态分析框架，利用条件 Logit 模型和动态离散选择模型探讨公共服务对生命历程中我国人口动态迁移的影响及异质性特征；最后，基于 1994 年山东博山的搬迁移民准自然实验,从生命历程视角探讨未成年时期的人口迁移对代际收入流动的长期影响及作用机制。

简言之,本书将按照生命历程视角下我国人口迁移时空特征分析→公共服务与我国人口动态迁移关系→人口迁移对代际收入流动长期影响的思路逐步展开。

三、研究内容

本书从生命历程视角刻画了我国人口迁移的特征事实,探讨人口迁移的驱动因素,分析人口迁移的长期影响。首先,厘清我国人口迁移的时空特征并分析生命历程中重要事件对人口迁移的影响;其次,探讨公共服务对我国人口动态迁移的影响;最后,分析生命历程中未成年时期的人口迁移对代际收入流动的长期影响及作用机制。进而,从人口迁移的视角提出个体长期发展和代际流动优化的路径。具体地,本书将围绕三个主题层层深入:

第一,生命历程视角下我国人口迁移时空特征以及生命历程中重要事件对人口迁移的影响研究。对 2014 年中国健康与养老追踪调查—生命历程调查数据中个体迁移史、就业史、个体和家庭信息史进行整理:首先,利用生存分析方法中的乘积极限法(Kaplan-Meier 方法)从年龄、性别和出生队列等维度刻画生命历程中个体迁移的时间特征,并归纳和总结我国人口动态迁移的空间、原因、距离和居留时间等特征。其次,探讨生命历程中的迁移经历对个体居住城市公共服务水平、人力资本和收入的影响。最后,利用线性概率模型(LPM)、生存分析法中的 Cloglog 模型和 Logit 模型探讨生命历程中升学、就业和婚姻事件对我国人口迁移的影响。

第二,生命历程视角下公共服务对我国人口动态迁移的影响及异质性特征。筛选出 2014 年中国健康与养老追踪调查—生命历程调查数据中在 1995—2014 年至少发生一次迁移的样本,并与《中国城市统计年鉴》教育、医疗和文化以及其他城市特征变量匹配。进而,利用静态分析方法——条件 Logit 模型探讨生命历程中公共服务与我国人口动态迁移的关系,并使用工具变量法解决公共服务与我国人口动态迁移的内生性问题。接着,从生命历程的不同时期、出生年代、迁移年龄、性别、文化程度和户口类型的角度,探讨公共服务与我国人口动态迁移的异质性特征。最后,利用动态迁移模型从动态分析的角度进一步探讨公共服务与我国人口动态迁移的关系，并与静态分析的结果进行比较。

第三，生命历程中未成年时期的人口迁移对代际收入流动的长期影响和作用机制。基于 1994 年山东博山的搬迁移民准自然实验，探讨生命历程中未成年时期人口迁移对代际收入流动的长期影响。我们分别对 19 个搬迁村（实验组）和 19 个与搬迁村特征相近但没有进行过搬迁的村庄（控制组）的家庭进行实地调查，收集了 990 个搬迁家庭和未搬迁家庭子女和父母的年龄、户口类型、文化程度、就业史、收入和生育等信息。该搬迁移民准自然实验由当地政府主导，搬迁村的个体没有自选择的内生性问题，通过与未搬迁村个体的对比，可以进行因果分析。并且，截止到 2019 年，该搬迁移民项目的长期效应已经产生。首先，利用代际收入转换矩阵和代际收入弹性等方法对搬迁家庭和未搬迁家庭子女的代际收入流动水平进行测算，通过对比初步探讨两个群体代际收入流动水平的差异性。接着，基于准自然实验法构建搬迁移民与代际收入流动的回归分析模型，探讨生命历程中未成年时期的人口迁移与代际收入流动的因果关系。最后，从人力资本和社会资本的角度探讨生命历程中未成年时期的人口迁移对代际收入流动的作用机制。

第三节　创新点

第一，研究视角的创新。首先，本书基于一套有全国代表性的中国人口生命历程调查数据，从生命历程视角探讨了我国人口迁移规律及影响因素，丰富了基于人口普查数据和流动人口动态监测调查数据对我国人口迁移规律的研究。其次，对不同生命历程时期公共服务与我国人口动态迁移关系的探讨，拓展了对公共服务与人口迁移关系的认识，并且，将公共服务与人口迁移的研究从静态分析视角拓展到动态分析视角。最后，从长期效应的视角探讨了生命历程中未成年时期的人口迁移对代际收入流动的长期影响及作用机制，丰富了人口迁移长期效应的研究，拓展了对我国人口迁移长期影响的理解。

第二，方法应用的创新。将动态离散选择模型和生命历程中的人口动态迁移相结合，构建出动态迁移模型，从动态分析的视角探讨公共服务与人口动态迁移的关系。与已有研究相比，本书在中国人口迁移问题的研究中推动了这一新研究方法的应用。

第三，研究区域的创新。已有关于代际流动和孩子长期发展的研究多数是基于美国和欧洲国家的经验发展起来的，关于发展中国家的经验分析较少。本书对我国代际收入流动和孩子长期发展的研究，弥补了已有研究对发展中国家研究较少的不足，拓展了代际流动和孩子长期发展研究的区域范围。同时，基于我国的经验研究能够提供不同的发现，有不同的理论和政策含义。

第二章　文献回顾

第一节　概念界定

一、人口迁移

关于人口迁移的定义，联合国《多种语言人口学词典》将人口迁移定义为：人口居住地由迁出地到迁入地的永久性或长期性改变。美国人口咨询局编写的《人口手册》（第四版）将人口迁移定义为：为了永久或半永久定居的目的，越过一定边界的活动。《简明人口学词典》将人迁移（徙）定义为：由于某种原因离开原居住地定居他乡并新建家园。《人口科学词典》将人口迁移定义为：人口在空间位置上的移动。

对于我国人口迁移的研究，多数学者将人口迁移定义为：人口跨越县（区、市）的行政区域由迁出地转入迁入地且连续居住 6 个月及以上的行为。本书将人口迁移定义为：人口跨越县（区、市）的行政区域由迁出地转入迁入地且连续居住 6 个月及以上的行为。由此可知，本书对人口迁移定义的重要依据是：跨县（区、市）迁移、居住地长期或永久性改变，而户籍并不纳入评判标准。

需要注意的是，在第七章对山东博山搬迁移民项目的研究中，人口迁移的定义是：以搬迁移民的方式使偏远山区的贫困家庭全部成员搬迁到近郊或者中心城区长期居住和生活。由此可知，本书第七章中人口迁移的定义与其他章节中人口迁移的定义是有细微差异的。二者的差异主要是第七章节中人口迁移并未跨越县（区、市）的行政边界，其他章节的人口迁移是至少跨越了县（区、市）行政边界。比较而言，二者的核心是基本一致的，即人口迁出原来的居住地，迁入一个新的区域长期居住、生活或工作。

二、代际收入流动

代际流动是机会均等程度的一种表示，衡量的是两代人之间位置的变化程度（Gaer et al.，2001）。代际流动有多种形式，比如，代际教育流动、代际职业流动和代际收入流动等。菲尔茨和欧克（Fields & Ok，1996）和梭伦（Solon，1992）进一步将代际收入流动定义为两代人之间收入地位的代代相传程度。其中，代际收入流动是代际流动的核心，对其水平的测算，能够最精准地反映一个国家的代际流动水平。鉴于此，本书将主要探讨代际收入流动，并以此反映我国代际流动水平。本书将代际收入流动定义为父代收入水平对子代收入水平的影响程度。此外，本书还将通过父代收入排序值与子代收入排序值的对比，判断子代是否实现代际向上（或向下）流动，以及代际收入流动的幅度。

三、公共服务

相关研究（夏怡然，陆铭，2015）和我国《"十四五"公共服务规划》中推进基本公共服务均等化等明确规定，针对我国基本公共服务领域发展的指标主要包括教育、医疗卫生、文化体育、社会服务、社会保险、基本劳动就业创业、残疾人基本公共服务和住房保障八个方面。因此，结合已有研究和相关政策，并考虑数据的可得性，本书主要关注公共服务供给中的教育、医疗和文化三个方面的公共服务。具体地，主要由高等学校数、中学学校数、人均医生数和图书馆图书总藏量等指标组成。

第二节　文献梳理

长期以来，人口迁移和代际收入流动都是经济学、社会学和人口学领域研究的热点问题，受到政府和学者们的广泛关注。根据研究内容和切入视角，国外对人口迁移和代际收入流动的研究可以总结为 5 个方面：①生命历程视角下的人口迁移特征研究；②人口迁移影响因素研究；③代际收入流动测算方法和结果的比较分析；④人口迁移对教育、就业和代际收入流动的影响分析；⑤人口迁移理论研究。国内学者的研究，主要集中在第①~④方面，并且更加强调在我国特定的经济、社会和文化背景下研究人口迁移特征，以及人口迁移与收入、代际收入流动的关系。比较而言，国内学者基于生命历程视角对我国人口迁移规律，人口动态迁移影响因素，以及人口迁移对代际收入流动长期影响的研究相对匮乏。

一、生命历程视角下的人口迁移分析

基于生命历程视角对个体迁移特征和类型的归纳和总结。维达尔和卢茨（Vidal & Lutz，2018）使用德国生命历程调查数据，从生命历程视角分析了出生于 1939—1971 年的迁移者和未迁移者就业轨迹和家庭结构的差异。结果发现，与未迁移者相比，迁移者拥有更高的教育水平，首次就业的年龄更大，结婚和生育年龄较晚。福尔金汉姆等人（Falkingham et al.，2016）利用英国老龄化追踪调查—生命历程调查数据，对出生于 1918—1947 年的居民生命历程中的迁移特征进行了总结。结果显示，个体在 20～29 岁时的人口迁移率最高，1938—1947 年的出生队列人口迁移率显著高于1918—1937 年的出生队列。基于生命历程中迁移频率的分布情况，可以将英国 1918—1947 年出生群体的迁移归纳为儿童期迁移型、青年期迁移型、成年期迁移型和低频率迁移型 4 种。

生命历程中人口迁移具有显著的动态特征。基于迁移路径的视角，达万佐（Davanzo，1983）将动态迁移定义为迁出人口在新迁入地回迁和停留进行选择的过程。并利用美国 5 000 个家庭 1968—1975 年的收入面板数据对美国人口动态迁移进行研究，发现小于 20 岁的年轻人回迁可能性最大，文化程度越高的个体回迁可能性则越小，并且，持续性迁移的可能性较高。类似地，布鲁斯（Bruce，2004）也将人口回迁和再次迁移的过程定义为动态迁移。通过对 1991—1996 年加拿大人口迁移的研究发现，加拿大动态迁移群体呈现不断增长趋势。基于迁移次数的角度，卡乌和瑟曼斯（Kau & Sirmans，1986）将至少做出过第二次迁移决策的劳动者定义为动态迁移劳动者。同样地，基宁（Keeling，2009）将动态迁移群体定义为任何两次或两次以上往返于欧洲和美国的移民。

生命历程中就业、婚姻和生育等重要事件同样也是影响人口迁移的重要因素。基于 2002 年荷兰家庭追踪调查数据，格鲁特等人（Groot et al.，2011）探讨了婚姻、生育和就业等生命历程中重要事件与迁移的关系。结果显示，稳定的婚姻和就业能显著降低个体迁移概率，而生育将显著促进个体迁移。库伦（Kulu，2008）基于奥地利家庭和生育调查中居住史和生育史数据进行研究，进一步发现，首次怀孕会使得个人迁移到农村和小城镇的可能性增加了5.6倍和3.76倍；而第2和3次生育则会显著降低居住地点迁移的概率。克拉克（Clark，2013）基于2011年澳大利亚住房、收入和劳动力追踪调查数据，探讨了生命历程中生育和就业与人口迁移的关系。结果发现，生育、失业都显著促进人口迁移；其中，生育引发的迁移距离较近（主要为市内迁移），而失业导致的迁移距离较远。此外，费希尔和马姆伯格（Fischer & Malmberg，2001）利用1994年瑞典108个劳动力区域综合数据集进行研究也发现，婚姻、生育和失业将显著促进个体跨劳动力区域的迁移。桑德尔和贝尔（Sander & Bell，2013）利用2001—2006年澳大利亚住房、收入和劳动力动态追踪调查数据，从生命历程的视角对退休与迁移进行分析发现，与退休前后4年的迁移率相比，退休年份的迁移概率最高，并且提前退休人员的迁移率显著高于延迟退休人员的迁移率。基于1999—2006年英国家庭追踪调查数据，拉贝和泰勒（Rabe & Taylor，2010）对生命历程中夫妻生育、就业事件与迁入地社区质量进行分析发现，生育和就业事件的发生会显著提高迁移概率，并且夫妻生育子女后，会迁移到较好的社区；而夫妻发生失业时，往往会迁移到较差的社区。

少数国内学者开始尝试基于生命历程（周期）的视角，探讨我国人口迁移特征和影响因素。林善浪和王健（2010）对福建省农村家庭生命周期与劳动力转移行为进行研究后发现，形成期的家庭外出务工概率较高；扩张期由于子女出生，生活压力较大，家庭外出务工的概率减小；到了稳定期子女已成为劳动力，因而整个家庭的外出务工率又会增大。章铮、杜峥鸣和乔晓春（2008）构造了农民工工作生命表，发现16~41岁的农民工会选择持续在城市工作；而41岁以后，继续在城市工作的农民工人数会急剧减少，并逐步选择回迁。章铮（2006）剖析了广东省从事劳动密集型制造业的民工生命周期内的迁移决策，发现由于从事行业劳动强度大、城市定居成本高等原因导致其会在积累到必需的资金后，返乡就业，争取成为家乡城市的居民。陈晨（2018）基于1980—2009年500位安徽籍农民工的个人迁移史数据，采用事件史分析模型对影响首次返乡风险的因素进行分析。结果显示，首次返乡风险与外出年龄呈现"U"形关系，留守子女数量与男性农民工返乡风险呈负向关系，但与女性农民工返乡风险呈显著正向关系。路雅文和张正河（2018）基于河南省某村538人38年的人口迁移史数据，使用社会网络分析方法探讨了农村人口迁移的地区特征、社会网络特征以及社会关系对人口迁移的影响。结果发现，农村人口迁移具有从个体迁移向家庭化迁移发展的趋势，跨省迁移群体对亲属关系的依赖性更强，省内迁移是农村人口城镇化的主要方式。

二、人口迁移特征及影响因素分析

国内学者针对我国人口迁移特征的研究基本都是基于 1982、1987、1990、2000、2005、2010、2015 年全国人口普查数据展开的。然而，该数据不是对个体的追踪调查数据。因此，基于该数据对人口迁移决策的研究多数是基于静态分析视角进行的。具体来说，20 世纪 80 年代以来，我国农村人口迁入城市的数量急剧上升（蔡昉，1995）。1982 年我国流动人口数量达到 657 万人，1995 年达到 7 073 万人，2000 年超过 1 亿人，到 2005 年时达到约 1.47 亿人，2010 年我国流动人口总量高达 2.21 亿，2015 年我国流动人口总量达到 2.47 亿（段成荣，谢东虹，吕利丹，2019）。此外，人口迁移的吸引中心在东南沿海的长三角、珠三角和京津冀地区，且有增强趋势。其中，长三角地区人口迁入规模与广东省接近，而广东省的人口规模在不断增加的同时，向周边迁出的人口规模也在增加（刘望保，汪丽娜，陈忠暖，2012；刘晏伶，冯健，2014；李薇，2008）。2000—2010 年，流动人口的迁移距离在不断增加，由 980.51 千米，增加到 994.82 千米（高向东，2018）。长期来看，流动人口规模会呈现不断下降趋势，即流动人口逐步定居在城市，真正成为城市人口（翟振武，王宇，石琦，2019）。

年龄、性别、教育、家庭老人数和土地等是影响人口迁移的重要因素。年龄与迁移之间存在显著的倒"U"形关系（Chakraborty & Kuri，2017；Hiwatari，2016）。受教育程度与迁移则存在显著的正相关关系（Paredes-Orozco，2019）。比如，威廉姆斯（Williams，2009）对尼泊尔的研究显示，受教育程度与男性迁移的可能性呈正相关。沈和刘（Shen & Liu，2016）进一步指出，年龄更小、没有子女的劳动者更有可能选择跨省迁移。对于已迁移的群体而言，教育程度越高的移民其回迁的可能性越低（Auriol & Demonsant，2012）。此外，提坦和奥托尤（Titan & Otoiu，2014）对罗马尼亚家庭老年人口抚养率与人口迁移进行研究发现，老年人口抚养比率每上升 1 个百分点，会导致移民率降低 0.28%。格雷（Gray，2009）对厄瓜多尔土地与农村人口迁移的研究显示，农村人口拥有的土地面积越大、质量越高，其迁移的可能性越低。然而，在越南由于农村土地耕种方式的转变，即机械化水平提高、化学肥料广泛使用，使得农村人口向城市迁移的规模在不断增加（Tran，2019）。彻宁娜等人（Chernina et al.，2014）对欧亚移民的研究还发现，伴随着土地流动性增加，迁移的机会成本会降低，从而促进人口迁移。除了个体和家庭特征外，社会网络也是影响人口迁移的重要因素（Kalter，2010；Liu，2013）。通过对墨西哥移民的考察，温特斯等人（Winters et al.，2001）与麦肯基和拉波波尔（Mckenzie & Rapoport，2007）认为社会网络降低了移民成本，促进了农村移民，并且降低了社区间的不平等。

国内学者从个体、家庭、村庄和公共服务等维度对人口迁移的影响因素进行了大量的探讨。①个体和家庭特征方面，已有文献显示：性别（路雅文和张正河，2018）、年龄（邓曲恒，古斯塔夫森，2007）、文化程度（洪小良，2007）、工作年限（章铮，2006）、平均工资水平（李建平和邓翔，2012）、家庭劳动力数量（邓曲恒，2013）、子女数量（袁霓，2008）、子女教育（邓曲恒，2013）、家庭中60岁以上老人数量（高雅，董志勇，2018；朱欣乐，丁志国，2013）、土地面积（赵耀辉，刘启明，1997）、家庭收入（孙战文，杨学成，2014）和家庭社会资本（黄敦平，2016；盛亦男，2014）是影响农村人口和家庭迁移的主要因素。具体地，男性、文化程度越高、家中超过60岁以上老人数量越少的个体跨区域迁移可能性越大。此外，个体和家庭特征等会通过社会资本进一步影响人口迁移行为。②村庄特征方面，村庄中的宗族网络强度、村庄外出务工比例和村庄地理特征等是影响农村劳动力流动的重要因素。村庄社会网络具有"同群效应"，村庄外出打工比例每提高10%，家庭外出打工率会提高0.03%。但是，家庭社会网络对劳动力省内流动却有负向影响（潘静，陈广汉，2014）。围绕宗族网络而产生的赠送或往来礼金，为其成员中的劳动力流动提供了一种社会保险，从而促进其外出打工（郭云南，姚洋，2013）。郭云南、姚洋（2013）以及杰里米和弗尔茨（Jeremy & Foltz，2014）进一步指出，村庄中的宗族网络对低收入农户家中的劳动力流动具有促进作用，并且他们从宗族网络中获益较多。高健、孙战文和吴佩林（2014）发现拥有农村不动产会降低农民工举家迁移的可能性。付振奇、陈淑云和洪建国（2017）对中国28个省份的农民进行研究发现，在中国的中部地区，村内务工比例越高，农村劳动力外出的可能性越大，外出务工更可能成为村庄范围内的集体行动。村庄地理特征方面，居住在平原地区的农村居民迁移概率显著大于居住在山区地区的农村居民（刘家强，王春蕊，刘嘉汉，2011）。在中国的东部和中部地区，村庄与县的距离越远，农村劳动力外出的可能性越低（段成荣，2001）。③优质的公共服务对农村人口有着巨大的吸引力（何炜，2020；武优勋，2020；洪俊杰，倪超军，2020；张亚丽，方齐云，2019）。然而，长期以来，城市的公共服务没有完全向外来人口开放（钱雪亚，宋文娟，2020）。因此，公共服务对吸引外来人口迁入产生着显著的正向作用（姚永玲，王帅，2014）。夏怡然和陆铭（2015）指出，基础教育和医疗服务是劳动力选择流向某个城市的重要因素。李国正、艾小青和陈连磊等（2018）以及杨刚强、孟霞和孙元元等（2016）也发现，提高城市的教育、医疗卫生、住房等基本公共服务的可及性，能够显著吸引农村劳动力迁入。杨义武、林万龙和张莉琴（2017）则进一步指出，在中国的中小城市，公共品供给对农村人口的吸纳效应强于大城市。刘金凤和魏后凯（2019）还发现，与第二代农民工相比，第一代农民工永久迁移意愿受到公共服务的影响更强。但是，地方公共品供给对农村人口迁移的影响存在"门槛"效应，即公共服务供给水平低于一定"门槛"值时，对农村人口迁移的影响就不再明显。周颖刚、蒙莉娜和卢琪（2019）基于中国流动人口动态监测调查数据的研究发现，公共服务能够降低高房价促进农村劳动力家庭流出所在城市的意愿，并且这种调节作用在大城市尤其明显。但是，公共服务的促进作用不足以抵消户籍管理对流动人口的负向作用（刘欢，2019）。

三、人口迁移决策的动态模型估计

近十多年以来，动态离散选择模型开始应用到人口动态迁移决策影响因素的研究中。比如，凯南和沃克（Kennan & Walker，2011）构造动态离散选择模型探讨了工资收入与人口动态迁移决策的关系，结果发现预期收入差异对人口动态迁移决策具有显著的正向影响，并且，在生命历程中个体会通过一系列的迁移来寻找使其效用最大化的地点。参考凯南和沃克（Kennan & Walker，2011）的动态离散选择模型，雷塞姆（Lessem，2018）探讨了相对工资和边防检查力度对墨西哥—美国人口动态迁移决策的影响。结果显示提高墨西哥的工资水平能够显著降低墨西哥—美国的人口动态迁移概率，并减少停留在美国的时间；同时，增强边防检查力度也会显著降低墨西哥—美国的人口动态迁移概率。类似地，巴尔德斯等人（Valdes et al.，2017）基于动态离散选择模型探讨了墨西哥农村家庭的动态迁移决策，结果发现家庭平均受教育程度增加、降水量减少都会导致墨西哥农村向美国的移民人数增加。此外，动态离散选择模型逐步被应用到探讨公共服务与人口动态迁移关系。比如，洪（Hong，2016）基于动态离散迁移模型对公共设施便利程度与墨西哥移民决策的研究发现，迁入城市的公共设施便利程度对墨西哥移民选择迁移地点选择产生着显著的正向影响。但是，随着年龄的增加这种影响将逐步降低。类似地，拜尔等人（Bayer et al.，2016）构建动态离散选择模型，对1994—2004年美国旧金山湾区家庭居住迁移进行研究发现，社区空气质量、犯罪率和黑人人口占比等社区环境质量和安全等因素是影响家庭迁移的主要因素。

与动态离散选择模型紧密相关的是空间均衡模型（Roback，1982），二者都是基于结构式的估计策略对人口迁移决策进行分析。具体来说，戴蒙德（Diamond，2016）基于空间均衡模型对美国不同技能劳动者迁移地点选择的研究显示，城市公共服务吸引大量高技能外来人口的流入，进而推高了城市住房的租金水平。德斯梅特和罗西－汉斯贝格（Desmet & Rossi-Hansberg，2013）的研究显示，更好的公共服务（舒适度）会显著促进外来人口流入，但同时也会增加拥堵等从而产生负面影响。博斯克等人（Bosker et al.，2018）基于空间均衡模型对中国的户籍制度与居民福利进行了研究，结果显示，放宽落户限制依旧会使得城市化程度较高的城市吸引大多数外来人口的迁入；同时，放宽落户限制使得人口能够迁移到生产率更高的地区，从而促进其福利水平提升。

国内学者几乎没有利用动态模型对我国人口迁移问题展开研究，但是，有部分学者基于空间均衡模型从结构式估计的角度对我国人口迁移决策进行分析。比如，刘修岩和李松林（2017）基于生成、消费、迁移和住房市场构建出的空间均衡模型对我国房价、迁移摩擦与城市规模进行了研究，结果发现，消除我国人口迁移摩擦将显著促进外来人口迁入大城市，而小城市的人口将大量迁出；同时，城市的舒适度（公共服务）也是促进外来人口流入的重要因素。类似地，周文、赵方和杨飞等（2017）基于劳动力、土地、农产品和非农产品市场构建出的空间均衡模型对土地流转、户籍制度改革与我国城市化的研究也发现，允许土地流转或放松户籍制度将使得更多的农村劳动力迁往城市，并使得农村劳动力的福利得到大幅提升。段巍、王明和吴福象（2020）的研究表明，2000—2010 年和 2010—2017 年迁移至城市的农村居民比未迁移的农村居民多获得 37.93% 和 29.75% 的福利提升。梁琦、陈强远和王如玉（2013）的研究则进一步指出，大城市生活的高成本将导致人口迁移呈现分散性，放松户籍制度并不会使得城市无限扩张，并且有助于优化城市层级体系（王丽莉，乔雪，2019）。

四、代际收入流动测算方法和结果分析

在代际收入流动的测算方面，国外的研究是比较丰富和全面的。代际收入流动测算方法分为两类：相对代际流动和绝对代际流动（Chetty et al.，2017；Chetty et al.，2014）。相对代际流动是通过比较不同阶层家庭中子女与父母社会阶层的关系计算得到。大量研究采取相对代际流动的测算方法（Björklund et al.，2012；Connolly et al.，2019；Gong et al.，2012；Gouskova et al.，2010；Kim，2017；Neidhöfer，2019；Solon，1992）。相对代际流动测算方法主要包括 2 种：①代际收入弹性（Intergenerational Income Elasticity），通过对子女收入与父母收入进行回归计算得到；②代际收入排序相关性（Rank-Rank Slope），通过对子女收入排序与父母收入排序进行回归计算得到。与相对代际收入流动相比，绝对代际收入流动更具有可比性（Corak & Heisz，1999），近期对这种测算方法的应用逐渐增多（Alesina et al.，2018；Fan et al.，2021）。绝对代际流动的测算主要有 3 种方法（Chetty et al.，2014）：①计算父母收入阶层在 25 分位数上的孩子长大后所处的收入阶层排序；②计算父母收入阶层在最底层 1/5 的子女长大后收入在最高层 1/5 的概率；③计算父母收入阶层在最底层 1/5 的子女长大后收入超过贫困线的概率。

代际收入弹性是最常用的代际流动水平测算方法。通过对世界各国代际流动水平的比较可以发现，美国、日本和加拿大的代际收入流动水平比较接近，代际收入弹性在 0.3~0.5（Chadwick & Solon，2002；Chetty et al.，2014；Connolly et al.，2019），处于中等水平；德国和瑞士的代际收入弹性在 0.14~0.29（Dustmann，2008；Murtazashvili et al.，2015），代际收入流动水平显著高于美国、日本和加拿大；而印度和中国的代际收入流动水平最差，代际收入弹性大约在 0.5~0.6 左右（Gong et al.，2012；Hnatkovska et al.，2013）。整体上，发达国家的代际流动水平高于发展中国家。

国内学者对我国代际收入流动进行了大量的测算，并且指出代际收入流动都是社会流动的主要模式（李路路，朱斌，2015；李路路，石磊，朱斌，2018）。当前，我国代际流动一方面呈现不断上升的严峻趋势，另一方面，一部分人群长期陷于"代际低收入传承陷阱"。中国代际收入流动的弹性大约在 0.123～0.83（邸玉娜，2014；王伟同，谢佳松，张玲，2019；杨汝岱，刘伟，2019；邹薇，马占利，2019；江求川，2017；卢盛峰，潘星宇，2016）。杨沫和王岩（2020）通过 1989—2015 年 10 轮 CHNS 数据，采用代际收入弹性和代际收入秩关联系数对中国居民代际流动性进行测算，结果显示，1991—2004 年期间中国代际流动基本保持稳定，2004 年以后呈现不断上升趋势。汪小芹（2018）利用中国综合社会调查（CGSS）2005—2015 年 7 轮调查数据，对 2005—2015 年中国的代际流动进行测算，结果发现，中国代际流动整体上呈现先下降后上升的趋势。在区域上，甘肃省代际流动水平较高、东北三省的代际流动水平较低（王伟同，谢佳松，张玲，2019）。中国代际流动主要来源于增长效应，即社会阶层分布在时间维度上的变化，其次是排序效应，而离散效应的贡献较小（李任玉，杜在超，何勤英，等，2014）。

五、搬迁移民对代际收入流动的影响分析

从生命历程视角来看，未成年期的人口迁移对于个体而言，属于重大的生命事件，改变了个体的生命历程轨迹，对个体产生着持续和重大的影响（Elder et al., 2003；Settersten & Mayer, 1997）。国外大量文献研究了搬迁移民方式的人口迁移对迁移家庭未成年子女就业、收入、身体健康、心理健康和代际流动等方面的长期影响（Jacob et al., 2015；Ludwig et al., 2012）。

早在 2000 年年初，大量学者就以美国面向机会的迁移项目（Moving to Opportunity，MTO）为例，展开了一系列关于搬迁移民方式的人口迁移对子女成年后就业、代际收入流动长期影响的研究，推动了子女长期发展与代际流动领域的发展（Jacob, 2004；Jacob & Ludwig, 2012；Katz et al., 2001）。近几年，哈佛的切迪（Chetty）研究团队进一步推动了 MTO 项目的研究，通过为搬迁移民家庭提供小额住房贷款、住房租住咨询等帮扶措施，为贫困地区的贫困人口搬迁移民提供了更有针对性的帮扶，使得其迁入到贫困率更低的地区长期居住和发展（Bergman et al., 2019）。这一新形式的搬迁移民称之为创造面向机会的迁移（Creating Moves to Opportunity，CMTO）。综上可知，基于美国的研究为我们认识搬迁移民与子女成年后就业、收入和代际流动的关系提供了大量来自发达国家的经验证据；并且，以针对美国为核心的搬迁移民对子女长期影响的研究一直引领着该领域的发展。

切迪等人（Chetty et al.，2016）根据美国芝加哥、洛杉矶等 5 个城市 1994—1998 年实施的面向机会（MTO）的随机搬迁移民项目的数据进行分析，探讨了搬迁移民对搬迁家庭子女成年后的教育水平和收入的影响。结果发现，搬迁移民显著提高了迁移时年龄在 13 岁以下子女成年后的教育水平、工作收入水平，并且搬迁移民对子女成年后教育和工作收入的正向影响随搬迁时子女年龄的增加而逐渐降低。同样地，希恩（Chyn，2018）通过对美国政府在芝加哥贫民区实施的房屋改造项目的研究发现，通过强制拆除城市贫民区的房屋使得居住在该地区的贫困家庭搬迁到更好的社区居住后，相比于未搬迁家庭的儿童而言，搬迁家庭的儿童在成年后会获得更高的就业水平和收入。近期，哈佛的切迪（Chetty）研究团队在美国的西雅图市和金县通过给予随机搬迁移民家庭小额住房贷款、住房租住咨询等帮助，结果发现，这种创造面向机会的迁移（CMTO）可以使 54.3% 的贫困家庭搬迁到社会流动水平更高的地区居住，并且搬迁家庭子女成年后的收入排序也要比未搬迁家庭子女高 2.1。与传统的 MTO 项目相比，CMTO 项目实现搬迁家庭向上流动的比例更高（Bergman et al.，2019）。

从搬迁移民对子女成年后长期影响的机制来看，通过为贫困地区的家庭提供住房补贴的方式使得贫困家庭迁移到贫困程度较低或条件较好的社区居住（Derenoncourt，2019），一方面，可以显著提高未成年子女的心理健康和身体健康水平（Kling et al.，2007；Schmidt et al.，2020）；另一方面，未成年子女受到较好社区环境的影响会进一步促进其成年后获得更高的教育水平（Alesina et al.，2021；Becker et al.，2019；Sequeira et al.，2020），进而获得更好的工作和更高的收入（Nakamura et al.，2019）。最终，使得搬迁移民实现搬迁家庭子女代际收入流动水平得到提升（Bergman et al.，2019）。

此外，也有较少的研究探讨了发展中国家的搬迁移民与子女长期发展的关系。比如，巴恩哈特等人（Barnhardt et al.，2017）对印度的研究发现，通过随机提供住房补贴，将贫困家庭搬迁到邻近城市商业区的区域居住后，由于居住隔离导致其家庭社会资本水平显著下降，其子女成年后的人力资本和收入水平都会明显降低。但从整体上来看，对于发展中国家的搬迁移民与子女代际流动的研究仍旧较为缺乏。

国内学者对搬迁移民与代际流动长期影响的探讨相对较少，大量研究集中于搬迁移民的短期效应。比如，孔凡斌、陈胜东和廖文梅（2017）对赣南搬迁移民农户的调查显示，搬迁移民使得移民农户生计资本的净增效果显著，但对收入等金融资本的影响较小。李聪、王磊和李明来（2020）对陕西实施的易地移民搬迁项目的研究显示，搬迁移民显著提高了搬迁家庭的打工收入。然而，王湛晨和刘富华（2018）对水电站工程建设导致的后靠式搬迁移民的研究显示，搬迁移民导致了移民家庭收入锐减，并且中等收入家庭受到的负向影响最大。以上研究都是针对我国搬迁移民短期效应的考察，只有少数研究关注到了我国搬迁移民对代际流动的长期影响。比如，滕祥河、卿赟和文传浩（2020）对三峡库区的非自愿搬迁移民的研究发现，搬迁移民显著提高了子女成年后的代际职业流动水平，尤其是搬迁发生在子女年龄 3~6 岁的移民家庭。

大量国内研究探讨了自发性人口迁移对收入和代际流动的影响，并分析了其作用机制。首先，自发性人口迁移强化了教育的正向影响（张桂金，张东，周文，2016；乐志强，2018；罗楚亮，刘晓霞，2018；王学龙，袁易明，2015），促使迁移者获得更高的人力资本的水平，并增加其就业机会，进而促进个人收入提升，使得一代人免受低收入传承的困扰，最终促进代际收入流动水平提升（孙三百，黄薇，洪俊杰，2012；宋旭光和何佳佳，2019）。更重要的是，迁移在提高代际收入流动的同时，还对其代际贫困具有较强的削弱效应（刘欢，2017；赵红霞，高培培，2017）。

其次，自发性人口迁移对代际流动的影响具有显著的异质性特征。对于低收入群体和 41~60 岁这个年龄段的群体而言，人口迁移对其社会经济地位的影响最大（路兰，高齐圣，刘瑞超，2018）。并且，农村迁移人口代际收入弹性高于农村未迁移人口，但依旧小于城镇常住农村人口（卜民，2018）。从迁移年龄、迁移持续期与新生代农民工月收入的关系来看，迁移年龄越小对新生代农民工月收入的正向影响越显著；而迁移年龄越大对新生代农民工月收入的负向影响越突出（刘玉兰，2013）。童年时期的迁移通过社会经济水平影响个体的健康水平，进而促进个体发展水平的提升（仲亚琴，2016）。并且，儿童迁移年龄越小，受到更好教育环境的影响时间越长，受到累积的正向影响越大。最终，实现向上的社会流动（吴琼，2017）。

此外，并不是任何自发性的人口迁移都会带来向上的代际流动。王伟同、谢佳松和张玲（2019）基于中国劳动力动态调查数据的研究发现，只有迁移到代际流动水平更高的地区才能够获得向上的代际流动。而迁移到更低代际流动地区的迁移人口其代际流动水平甚至会低于未迁移者。综上可知，针对我国人口未成年时期的迁移与成年期的收入和代际收入流动长期影响的研究仍较为缺乏。换言之，基于生命历程的视角，探讨未成年时期的人口迁移与代际收入流动的关系既是对人口迁移文献的有效补充，又是对代际流动文献的进一步扩展。

六、人口迁移理论分析

首先，与发展中国家人口迁移紧密相关的经典理论是 1954 年刘易斯提出的二元经济模型（Lewis，1954）。他指出发展中国家的经济由传统经济和现代经济两部分共同组成。然而，在农村的传统经济中存在着大量边际生产率为零的剩余劳动力。由于现代经济的工资远高于传统经济的工资，在初期，农村剩余劳动力将无限向城市供给，从而导致农村劳动力不断地转移到城市。

其次，1961 年拉尼斯和费景汉改进刘易斯二元模型后提出了拉尼斯—费景汉模型。该模型确定了农村劳动力向城市转移过程中的两个转折点（Ranis & Fei，1961）。传统经济中边际产出为零的剩余劳动力全部完成向现代经济转移。此时，第一个转折点出现。之后，现代经济若再从传统经济中吸引劳动力，传统经济中的总产出就会下降，劳动力边际产出会上升。当传统经济中劳动力的边际产出大于城市工资时，第二个转折点（起飞点）出现。此后，城市工资至少要与传统经济中的边际产出一样才能继续吸引劳动力。并且，传统经济和现代经济中劳动力收入将同步增加，国家经济将飞速发展。然而，拉尼斯—费景汉模型无法解释在城市劳动力失业的背景下，劳动力为何还会从农村迁移到城市。1969 年托达罗提出了乡城劳动力迁移模型来解释这一现象（Todaro，1969）。城市正规部门的工资长期高于市场均衡水平，从而导致劳动力供给大于需求，导致城市劳动力出现失业。然而，由于城乡工资差长期存在，农村劳动力会期望迁入城市获得更高收入。尽管可能无法进入正规部门，但也可以转向非正规部门，最终导致乡城移民不断产生。

生命周期理论模型在解释人口迁移中较早就得到了应用，并且在后来的研究中不断完善。阿斯德尔等人（Arsdol et al., 1968）进一步指出个体迁移会随生命周期的位置变化而变化，从生命周期开始到结束的关键事件可以有效地解释迁移增减趋势。

1980 年以来学界出现了新经济迁移理论、Roy 理论模型。新经济迁移理论强调劳动者迁移是以家庭为中心，在风险最小化原则下实现家庭期望收益最大化（Stark & Bloom, 1985；Stark & Levhari, 1982）。具体来说，家庭会决定让部分成员迁移（外出务工），从而使收入来源多元化，提高规避风险能力。并且，该理论认为家庭在决定迁移时会同时考虑绝对预期收入和与本社区（参照群体）相比的相对收入。家庭的绝对收入有很大提升，但是依旧低于本社区（参照群体）的收入水平。此时，家庭依旧有相对剥夺感，从而家庭成员还会继续迁移（外出务工）。

博尔哈（Borja, 1987）将乔伊（Roy, 1951）的职业选择理论模型应用到解释潜在移民迁移的自选择问题中，从而形成了移民迁移的自选择理论模型。该模型认为移民的自选择是来源地的相对技术回报率和相对收入不平等程度。现代劳动经济学理论关于劳动力就业区位选择的内生性问题，大多在 Roy 模型的框架中进行不同的拓展，并进一步探讨移民决策和微观机制（Borjas, 1999）。

第三节　简要评述

总结来看，已有研究对德国、英国和美国等生命历程中人口迁移特征、动态迁移规律有较为详细的分析。同时，动态离散选择模型逐渐被用于研究人口动态迁移决策及其影响因素问题。20 世纪 90 年代，美国就开始探讨搬迁移民对贫困家庭子女教育、就业、收入的长期影响。近年来，以切迪（Chetty）为中心的哈佛研究团队，利用美国 20 世纪 90 年代搬迁移民项目，开始探讨搬迁移民与子女收入、代际流动等之间的因果关系。由此可见，一方面，已有的研究为本书提供了坚实的理论基础；另一方面，关于生命历程视角下人口迁移规律的研究、人口动态迁移影响因素的影响，以及生命历程中未成年时期的人口迁移与教育、就业、收入、代际流动的研究成果几乎都是基于美国等发达国家展开的。因此，生命历程视角下的人口迁移与代际流动研究，需要更多来自发展中国家的经验证据。通过对国内外相关文献的整理我们总结出以下三点结论：

首先，国内关于人口迁移特征和趋势的研究，几乎都是基于四普、五普、六普①数据进行的。然而，人口普查数据是截面数据，并没有收集每个被访者的迁移历史。因此，无法基于个体迁移历史了解生命历程中我国人口动态迁移的特征和趋势。尽管有极少数研究从生命历程（周期）的视角分析了我国人口迁移。但是，研究样本具有局限性，比如，只关注某一省份生命周期内农村劳动力迁移的时间特征。而本书将基于权威的全国范围内的人口迁移生命历程调查数据，对我国人口迁移的时空特征进行研究。这是本书对理解我国人口迁移问题的重要贡献。

其次，我国人口迁移与其他国家的最大不同是，我国的人口迁移是一个既有流出又有回流的过程，即表现出显著的动态迁移特征。然而，在我国人口迁移影响因素方面，由于数据和方法的局限性，已有的研究基本都是在静态分析框架下进行的。更确切地说，已有的研究是将人口迁移分成一个个时点来看待，即某一时点上，个体是否迁出、是否回流或再迁出。本书的重要贡献是，将人口迁移放在一个迁移—再迁的动态分析框架下进行，分别采用静态分析模型和动态离散选择模型对人口迁移决策的影响因素进行识别和对比。这既促进了该方法的进一步应用，又可以为今后的相关研究提供参考。

最后，在1994年《国家八七扶贫攻坚计划》颁布后，我国就将开发搬迁移民作为重要的扶贫手段。然而，关于搬迁移民的长期效应研究在国内几乎是空白的。大量的关于搬迁移民的研究都是集中于短期效应。搬迁移民对贫困家庭代际收入流动等长期影响研究较少。并且，对于搬迁移民与代际收入流动的作用机制也知之甚少。因此，对该问题的研究可以视为一种政策评估，并应用经济学准自然实验这一前沿方法识别其因果关系，对于我国的搬迁扶贫事业具有极强的现实意义，对于发展中国家，甚至发达国家进行的搬迁移民随机实验也具有参考价值。这进一步彰显了本书的贡献。

综合来看，人口迁移和代际流动长期以来都是经济学、社会学研究的

---

① 即第四次全国人口普查、第五次全国人口普查和第六次全国人口普查。

热点问题。与国内研究相比,国外关于生命历程中人口动态迁移特征、动态迁移的影响因素、生命历程中未成年时期的人口迁移与代际收入流动的研究都取得了较为丰富的成果。然而,对于我国甚至大量的发展中国家而言,关于这些国家生命历程中人口迁移特征、迁移决策影响因素,以及未成年时期的人口迁移与代际收入流动因果关系的研究较为缺乏。

第三章　理论基础和相关政策

经济学家、人口学家和社会学家对生命历程、人口迁移、代际流动展开了一系列的研究，提出了生命历程理论、人口迁移理论、公共品供给理论、空间均衡理论和代际收入流动理论。这些理论为本书研究生命历程视角下的人口迁移与代际收入流动关系提供了扎实的理论基础。

第一节　生命历程理论

生命历程指的是按年龄分级的、嵌入社会的角色顺序，这些角色连接着生命的各个阶段（Mortimer & Shanahan，2003）。生命历程研究的对象是：涉及生命历程中的一些事件和角色及其先后顺序和转换过程（李强，邓建伟，晓筝，1999）。埃德（Elder，1975）将生命历程简短而明确地定义为：个体从出生到死亡，按年龄经历结婚、就业、退休等事件并扮演各种社会角色的过程。直到 20 世纪 60 年代，社会和行为科学家才逐步展开对个体生命路径的研究。生命历程理论包含五大原则：

第一，周期性发展原则。

人类的发展和衰老是一生的过程，在时间跨度上是从出生到死亡的整个过程。因此，对个体生命历程的分析必须是长期的视角，从而能够展示个体从出生到就业、退休和死亡等不同阶段的变化。具体上，个体在儿童时期居住在较好的社区、接受较好的教育和医疗等公共服务，对其成年后的收入或老年时期的健康等都会产生正向的长期影响。在中国，越来越多的研究开始关注生命历程中早期经历饥荒对老年时期健康状况的影响。

第二，代理原则。

个体在历史和社会环境的影响下，通过选择和行动构建自己的生命历程。儿童、青少年和成年人不会被动地受到社会影响，相反，他们会根据所面临的社会背景的约束做出自己的选择。并且，这种面临特定社会背景约束下做出的选择对其未来的生命历程轨迹产生着重要影响。在中国，越来越多的政府和学术研究项目关注贫困地区儿童健康问题，通过"免费午餐""青少年教育促进计划"等项目帮助贫困地区儿童健康成长。通过改善儿童时期的成长环境，促进人力资本积累，避免贫困地区儿童陷入代际贫困陷阱。

第三，时间和地点原则。

个体或不同出生群体其生命历程由一生经历的历史时代和居住地点共同构成。基于个体或出生群体一生中的年龄和居住地点可以构造出个体生命历程中的居住轨迹。比如，我国 20 世纪 30 年代出生群体，在其少年和青年时期（大约在 1945—1960 年）经历了新中国成立这一重大历史事件。在新中国成立初期大力建设工业化和社会经济快速发展的背景下，其生命历程的早期经历了人口自由迁移、大力支援边疆建设等事件，形成了独特的生命历程迁移轨迹。

第四，时序性原则。

由于事件（或经历）发生在个体生命历程中的时间差异，这导致同样的事件（或经历）可能会以不同的方式对个体产生影响。换言之，同一事件（或经历）对个体的影响因发生在个体生命历程的不同阶段而产生完全不同的效果。因此，这一原则有利于帮助我们理解人口迁移发生在未成年时期的早期和后期以及成年时期，对个体长期发展所带来的异质性影响。这也间接佐证了切迪等人（Chetty et al.，2016）对美国搬迁移民与子女成年后收入关系的研究结论。具体地，当搬迁移民发生在个体 12 岁及之前，对其成年后的收入具有显著的正向影响；而搬迁移民发生在个体 12 岁之后，对其成年后的收入具有显著的负向影响。

第五，关联性原则。

关联性原则是指生命的社会嵌入性，起源于对生命史和生命角色的理论描述。具体来说，生命历程中的个体行为会通过与他人构造更大的社会网络来促进个体的发展。换言之，一个人生活中的转变往往也会导致其他人的转变。比如，就业和婚姻事件的发生可以为个体提供一个社会网络来强化其传统行为，尤其能够帮助问题青年转向更传统的生活。

基于五大原则对个体生命历程的分析，再纳入时间和社会环境变化对生命历程发展的影响，能够促进我们对更大社会背景和历史事件发生时间和个体角色变化的认识，有助于理解个体发展的机制。综上可知，生命历程理论为本书从生命历程视角探讨我国人口迁移与代际收入流动的关系提供了理论支撑。

第二节　人口迁移理论

一、二元经济结构理论

与发展中国家人口迁移紧密相关的经典理论是 1954 年刘易斯提出的二元经济模型（Lewis, 1954）。从图 3-1 可知，对于传统的农业生产部门，当劳动力就业数量为 L^* 时，农业劳动力的边际生产率等于工资率，此时，实现农业生产部门利润最大化。当农业劳动力的供给水平超过 L^* 小于 L_1 时，农业劳动力的边际产出小于工资率，此时增加农业劳动力供给所带来的成本大于总产量的增加值。而当农业劳动力的供给在 $L_1 L_2$ 时，这部分农业劳动力的边际生产率为 0，未对农业产出做出任何贡献。由此可知，数量为 $L^* L_2$ 的农业劳动力处于隐蔽失业状态。

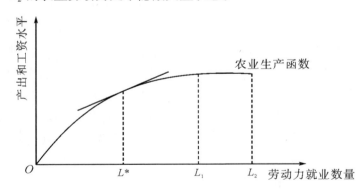

图 3-1　农业部门劳动力供给曲线

如果将隐蔽失业的农业劳动力转移到工业部门，就能推动经济增长。从图 3-2 可知，当工业部门的产业和工资水平为 W_m 时，边际产出为零的农业劳动力会从农业部门转移到工业部门，直到边际产出为零的农业劳动力全部转移。由此，工业部门获得"无限"的农业劳动力供给。在该模型中，存在一个经济转折点 H。转折点之前，工业部门获得无限供给的农业劳动力，两个部门的工资水平不变。该转折点之后，劳动力变成稀缺资源，两个部门都要提高劳动力工资水平才能雇佣到所需的劳动力。

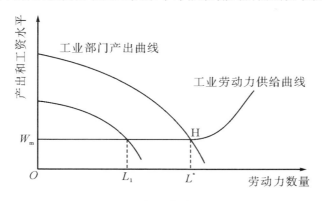

图 3-2　工业部门劳动力供给曲线

二、拉尼斯—费景汉理论

1961 年拉尼斯和费景汉改进刘易斯二元经济模型后提出了拉尼斯—费景汉模型（见图 3-3）。该模型确定了农业劳动力向城市转移过程中的两个转折点 A 点和 B 点（Ranis & Fei, 1961）。传统经济中边际产出为零的剩余劳动力全部完成向现代经济转移。第 1 个转折点 A 点（刘易斯拐点）出现之后，现代经济如果再从传统经济中吸引农业劳动力，传统经济中的总产出就会下降，劳动力边际产出会上升。当传统经济中劳动力的边际产出大于城市工资时，第 2 个转折点 B 点（起飞点）出现。此后，城市工资至少要与传统经济中的边际产出一样才能继续吸引农业劳动力，且传统经济和现代经济中劳动力收入将同步增加，国家经济将飞速发展。

随着农业劳动力向工业部门转移，农业劳动力数量逐渐减少，在劳动力数量达到刘易斯拐点 A 点之后，农业产出开始下降。达到刘易斯拐点后，农业部门不再有边际产出为零的剩余劳动力，但依旧存在隐蔽失业的农业劳动力。农业部门中 AB 数量的农业劳动力其边际产出小于农业工资率，只要工业部门工资（W_m）高于他们的边际产出就可以继续吸引这部分农业劳动力持续转移到工业部门。在农业劳动力达到起飞点 B 点后，所有隐蔽失业的农业劳动力向工业部门转移完毕，此时农业部门实现利润最大化。此外，农业劳动力继续减少会使得农业劳动力的边际生产率大于农业部门的平均工资，最终促使农业部门和工业部门的工资水平一样。这个起飞点之后整个经济实现飞速发展。

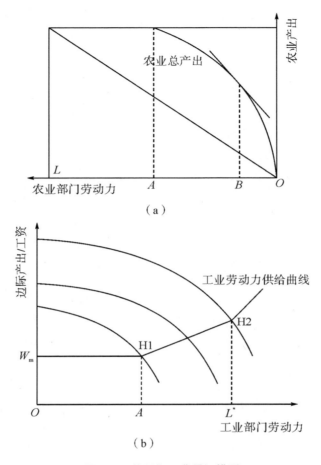

图 3-3　拉尼斯—费景汉模型

三、托达罗理论

拉尼斯—费景汉模型无法解释在城市劳动力失业的背景下，劳动力为什么还是会从农村迁移到城市。1969 年，托达罗提出了乡城劳动力迁移模型来解释这一现象（Todaro，1969）。从图 3-4 可知，D_U 和 D_R 分别是农业和工业部门劳动力需求曲线，O_U 和 O_R 表示社会劳动力供给总量。初期，农业和工业部门的工资分别为 W_A 和 W_H，且工业部门工资高于农业部门。此时，农业部门劳动力向工业部门转移。农业部门劳动力工资随之上升，当农业部门和工业部门的工资相等时，农业部门和工业部门的劳动力需求曲线相交于均衡点 E。此时，农业和工业部门均衡状态下的工资水平为 W_F。但实际上由于城市工资水平因为制度等原因往往固定在高于 W_F 的水平，这就导致农业部门的劳动力仍旧会向城市迁移。因此，托达罗模型表明只要农业劳动力预期迁入城市的工资高于农业部门的工资，劳动力就会持续向城市迁移。

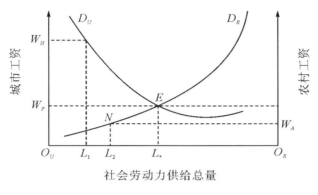

图 3-4　托达罗模型

四、推拉理论

推拉理论将人口迁移定义为永久性或半永久性的居住地变更（Lee，1966），并且认为人口迁移是迁入地积极因素的拉力、迁出地不利因素的推力和中间阻碍因素共同作用的结果。

一来，推拉理论将影响人口迁移的因素分为与迁出地有关的因素、与迁入地有关的因素、中间障碍因素和个体因素 4 类。具体包括：①与迁出地有关的因素主要是指迁出地较低的收入水平、较差的居住环境、教育资源、房地产政策等。②与迁入地有关的因素主要是指迁入地较高的收入水平、较好的居住环境、教育资源、房地产政策等。③中间障碍因素主要是指运输物品的成本、子女或父母随迁的成本、迁移距离、语言文化差异等。④个人因素主要是指性别、年龄、文化程度、就业情况和婚姻状况等。

二来，推拉理论进一步总结了人口迁移规模和人口迁移流向的规律，并梳理了迁移者的特征。具体来说，人口迁移规模的规律可总结为：①地区差异越大，人口迁移规模则越大；②人口特征的异质性越大，人口迁移规模越大；③人口迁移的障碍越大，人口迁移规模小；④经济波动导致人口迁移规模发生变化；⑤当没有强有力的政策干预时，人口迁移规模和人口迁移率都将随时间不断增大；⑥人口迁移规模随国家或地区的发展进程而不断变化。

此外，人口迁移流向的规律总结为：①人口迁移的流向相对固定且高度集中；②每个主要的人口迁移流都有一个对应的回流；③若迁出地的因素对人口迁移的影响主要是负向的，人口迁移流向的效率将处于较高水平；④当迁出地和迁入地具有相似特征时，人口流入和回流的效率都较低；⑤若迁移的中间障碍较大，人口迁移的效率会更高；⑥人口迁移效率随经济发展条件的变化而变化。

迁移者的特征可以总结为：①人口迁移具有选择性；②对迁入地正面因素积极反应的个体倾向于进行正向选择；③对迁出地负向因素积极反应的个体倾向于进行负向选择；④对整个迁移群体而言，迁移选择具有双峰分布特征；⑤解决中间障碍的难度越大，正向选择的程度越高；⑥生命周期的发展阶段与迁移选择紧密相关；⑦迁移者的人口特征介于迁出地和迁入地人口特征之间。

推拉理论对人口迁移进行了非常全面的研究，对人口迁移的影响因素、人口迁移规模特征、人口迁移流向特征和迁移者的特征进行了全面的归纳，为本书探讨生命历程视角下我国人口迁移的时空特征提供了理论指导。

五、年龄—迁移率理论模型

罗杰斯（Rogers，1978）从年龄角度刻画了人口迁移率分布特征，提出了年龄—迁移率理论模型，又称为"罗杰斯曲线"，见图 3-5。该理论认为儿童期迁移率较高，然后逐渐降低；到了青年时期迁移率将显著增加并达到高峰，之后随着年龄的持续增长迁移率将逐渐降低；到了 65 岁前后的退休时期迁移率将形成一个小的高峰期。不同年龄的迁移率 M_x 定义为

$$M_x = \frac{O(x)}{K(x)} = \frac{O \cdot N(x)}{K \cdot C(x)} = cmr \cdot \frac{N(x)}{C(x)} \tag{3-1}$$

其中，$O(x)$ 为某个地区年龄 x 的迁移人口数；$K(x)$ 为某个地区年龄 x 的总人口数；$C(x)$ 表示年龄为 x 岁的人口比例；$N(x)$ 表示年龄为 x 岁的迁移人口比例；K 表示总人口数；O 表示迁移总人数；cmr 表示最低人口迁移率。

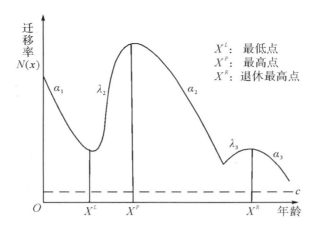

图 3-5　年龄—迁移率理论模型图

注：基于罗杰斯（Rogers，1978）的研究绘制所得。

年龄—迁移率理论模型将迁移概率分为四个部分：前劳动力成分（0~14 岁）；劳动力成分（15~64 岁）；后劳动力成分（65 岁及以上）；不受年龄影响的常数成分。具体地，前劳动力成分可以由单一负指数曲线和负递减率组成；劳动力成分由先上升后下降的左偏单峰曲线组成；后劳动力成分由先上升后下降的倒"U"形（钟形）曲线组成；常数成分由常数曲线 c 组成。

$$N(x) = a_1 \exp(-\alpha_1 x) + a_2 \exp\{-\alpha_2(x - m_2) - \exp[-\lambda_2(x - m_2)]\}$$
$$+ a_3 \exp\{-\alpha_3(x - m_3) - \exp[-\lambda_3(x - m_3)]\} + c$$

$$(3-2)$$

其中，x 为年龄，$x = 0，1，2，\cdots$；$N(x)$ 为年龄为 x 岁的人口迁移率；α_1 表示前劳动力下降率；α_2 表示劳动力下降率；α_3 表示后劳动力下降率；λ_2 表示劳动力增长率；λ_3 表示后劳动力增长率；c 为最低人口迁移率；m_2 和 m_3 分别表示劳动力成分和后劳动力成分的平均年龄。

第三节　公共品供给理论

将城市公共品与人口迁移联系在一起的 Tiebout 模型为本书探讨公共服务与人口动态迁移提供了理论基础。蒂博特（Tiebout，1956）在发表的标志性论文《一个关于地方支出的纯理论》中提出了著名的 Tiebout 模型（也称为"用脚投票"理论）。Tiebout 模型认为，当个体具有自由地在不同地区间流动的权利时，理性的个体将通过"用脚投票"的方式选择最能满足其对公共物品偏好的地区。Tiebout 模型设定了一系列的假设：

①自由流动性。个体能够自由地迁移到最能满足其对公共物品偏好模式的地区。②税收和财政支出差异性。个体充分了解不同地区税收和财政支出模式的差异，并将基于这些差异做出不同的迁移决策。③可供选择的地区。存在着大量可供选择的地区。④无就业限制。所有的个体都不受到就业的限制，其以股息收入为主要收入来源。⑤公共物品无外部性。地区所提供的公共物品没有表现出外部经济或地区间的不经济。⑥公共物品的提供以原住民偏好而设定。每一种地区公共服务模式，都是以地区老居民的偏好模式进行设计，并且都有一个最优的地区规模。⑦最优规模。对于低于最优规模的地区将会试图通过吸引新居民迁入来降低公共物品的平均成本。反之，超过最优规模的地区则会阻止新居民的迁移以保持在最优规模。

Tiebout 模型指出当个体所在地区处于非平衡状态时，则会有一小部分个体对所居住地区产生不满。当满足前面 7 条假设时，个体则会从大于最优规模的地区迁移到小于最优规模的地区，以满足其对地区公共物品的偏好，从而实现空间均衡。奥茨（Oates，1969）基于 Tiebout 模型对地方财产税和地方支出对财产价值影响的经验进行研究后发现，财产价值与税率呈负相关，与公立学校生均支出呈正相关。这表明，个体将对地区公共服务水平与纳税成本进行衡量后选择居住的地区。由此可见，Tiebout 模型为本书探讨公共服务与城市间的人口迁移提供了理论基础。

第四节　空间均衡理论

Rosen-Roback 空间均衡理论在 20 世纪 80 年代被提出，该理论假定家庭/劳动者和企业分别具有相同的偏好和生产技术，并且家庭/劳动者通过消费组合商品、住房、城市公共服务（便利性）获得效用，而公共服务（便利性）内嵌于特定的城市，家庭/劳动者通过迁移"消费"特定城市的公共服务（便利性）（Roback，1982；Rosen，1979）。为了简化分析，假定每个家庭拥有一单位同质劳动，家庭提供劳动给企业从而获取工资，劳动所得是家庭收入的唯一来源。具体地，给定城市 j，V_j 代表性家庭的间接效应函数为

$$V_j = V(w_j, r_j, p_j) \tag{3-3}$$

其中，$V(\cdot)$ 表示给定工资 w_j、住房租金 r_j 和城市公共服务（便利性）p_j 的情况下，家庭所能够获得的最大效用。并且，效用与工资水平成正比（$\partial V/\partial w > 0$），与住房租金成反比（$\partial V/\partial r < 0$），与公共服务成正比（$\partial V/\partial p > 0$），公共服务主要包括城市的教育、医疗和文化等。

企业采用规模收益不变的技术，投入资本、劳动和土地生产组合商品。为了简化分析，假定企业支付的土地租金和家庭住房租金相同。企业生产的商品的价格由完全竞争市场决定，并将其标准化为 1，工资和租金以组合商品为计价单位。资本价格固定，给定城市 j，企业的单位生产成本为

$$C_j = C(w_j, r_j, p_j) \tag{3-4}$$

其中，$\partial C/\partial w > 0$，$\partial C/\partial r > 0$，表明投入要素的价格越高，单位生产成本越高。要使模型存在均衡解，则要求不存在"空间套利"行为。当实现空间均衡时家庭选择不同的城市带来的效用是均等的（$\bar{\mu}$），企业在不同城市间选址其单位成本是相同的。

$$\bar{\mu} = V(w_j, r_j, p_j)$$
$$1 = C(w_j, r_j, p_j) \tag{3-5}$$

此外，图 3-6 刻画了城市公共服务（便利性）的变化如何影响城市工资和租金。横轴表示不同城市的工资水平，纵轴表示不同城市的租金水平，向右上方倾斜的曲线 V 表示等效用曲线，说明在给定城市公共服务（便利性）的条件下，为保障家庭在不同城市间效用是均等的，家庭必须获得高工资以补偿其所支付的高额租金成本。类似地，企业支付高租金—低工资，或支付低租金—高工资以保证其在不同城市以相同的单位成本进行生产。等效用曲线 V 和等成本曲线 C 的交点决定了均衡工资和租金。图 3-6 的虚线展示了当一个城市具有更高的公共服务（便利性）水平时，这种更高公共服务（便利性）特征的存在使得等效用曲线向左上方移动，给定工资水平，家庭愿意支付更高的租金；或者给定租金水平，家庭愿意接受更低的工资，以保证其效用水平不变。

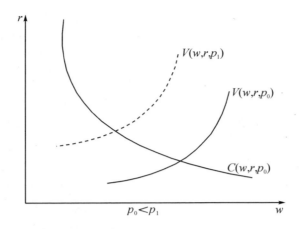

图 3-6　空间均衡条件下的工资和租金

注：横轴为工资水平，纵轴为租金水平。$V(w, r, p_1)$、$V(w, r, p_0)$ 分别表给定城市公共服务（便利性）为 p_1 和 p_0 时的等效用曲线；$C(w, r, p_0)$ 为给定城市公共服务为 p_0 时的等成本曲线。

Rosen-Roback 空间均衡理论提出后，大量国内外学者对其进行了应用和拓展。比如，史铁、朱文章和傅十和（2021）以及阿尔布伊等人（Albouy et al.，2016）分别将其应用到对中国和美国城市生活质量的研究中。同样地，该理论也为本书分析生命历程中公共服务与我国人口动态迁移提供了理论支撑。

第五节　代际收入流动理论

贝克尔和托姆斯（Becker & Tomes，1979）通过将人力资本模型纳入代际收入不平等的分析框架，建立了收入和代际流动分布的均衡理论。人力资本可以解决不平等问题，父母通过在子女和其他成员的人力和非人力资本上选择最优投资来最大化他们的效用。

具体地，一个单个家庭的效用最大化模型：父代效用由父代消费、子代数量和子代质量共同决定。若子代是同质的，父代的效用函数（U_t）可以表示为

$$U_t = U_t(Z_t,\ \psi_{t+1},\ n) \tag{3-6}$$

式中，Z_t 是父代的消费，ψ_{t+1} 是子代的特征，n 表示子女数量，t 表示第 t 代。孩子在第 t 代出生并积累人力和非人力资本，在 $t+1$ 代工作、消费和生育他们自己的孩子。

为了简化表达，进一步假设父代只关注自己的消费和子代成年后的经济价值。因此，子代的总体特征为 $n\psi$。令 $\psi_{t+1} = I'_{t+1}$，其中，I'_{t+1} 表示子代成年后的经济价值。

$$U_t = U_t(Z_t, \ I_{t+1}) \qquad (3\text{-}7)$$

式中，$I_{t+1} = n I'_{t+1}$，表示加总后的子代经济价值。

父代可以通过投资子代的人力和非人力资本来改变其子代成年后的经济价值。假定所有的资本都是同质的，y_t 表示投资子代的总数量，以物质单位计量。π_t 是放弃消费而投资子代的每单位成本。因此，父代的收入预算约束方程可以表示为

$$Z_t + \pi_t y_t = I_t \qquad (3\text{-}8)$$

式中，I_t 是父代的总财富。如果每单位资本对子代的价值为 ω_{t+1}，投资子代的回报率（r_t）方程为

$$\pi_t y_t = \frac{\omega_{t+1} \times y_t}{1 + r_t}$$

$$\Rightarrow r_t = \frac{\omega_{t+1} \times y_t}{\pi_t y_t} - 1 \qquad (3\text{-}9)$$

$$\Rightarrow \pi_t = \frac{\omega_{t+1}}{1 + r_t}$$

子代的总财富 I_{t+1} 等于他们获得的资本的总和（$\pi_t y_t$）。具体由父代的投资总额（$\pi_t y_t$）、个体禀赋（e_{t+1}）和因运气在市场上获得的收入（u_{t+1}）组成，即

$$I_{t+1} = \omega_{t+1} y_t + \omega_{t+1} \times e_{t+1} + \omega_{t+1} \times u_{t+1}$$

$$\Rightarrow y_t = \frac{I_{t+1} - \omega_{t+1} \times e_{t+1} - \omega_{t+1} \times u_{t+1}}{\omega_{t+1}} \qquad (3\text{-}10)$$

可知，父代对子代的投资越多，子代的收入越高。Z_t 和 I_t 分别表示第 t 代的消费和收入。将式（3-9）和式（3-10）带入式（3-8）可得

$$Z_t + \frac{\omega_{t+1}}{1 + r_t} \cdot \frac{I_{t+1} - \omega_{t+1} \times e_{t+1} - \omega_{t+1} \times u_{t+1}}{\omega_{t+1}} = I_t$$

$$\Rightarrow Z_t + \frac{I_{t+1}}{1 + r_t} = I_t + \frac{\omega_{t+1} \times e_{t+1} + \omega_{t+1} \times u_{t+1}}{1 + r_t} = S_t \qquad (3\text{-}11)$$

其中，S_t 表示家庭收入。家庭效用最大化的均衡条件是式（3-11）和（3-12），即

$$\frac{\partial\, U/\partial\, Z_t}{\partial\, U/\partial\, I_{t+1}} = 1 + r_t \tag{3-12}$$

当效用函数是同质偏好性时，那么家庭效用最大化的均衡条件为

$$\frac{I_{t+1}}{1 + r_t} = \alpha(\gamma,\ 1 + r)\, S_t \tag{3-13}$$

$$Z_t = (1 - \alpha)\, S_t \tag{3-14}$$

$$\Rightarrow \frac{\omega_{t+1} \times y_t}{1 + r_t} = \alpha S_t - \frac{\omega_{t+1} \times e_{t+1} + \omega_{t+1} \times u_{t+1}}{1 + r_t} \tag{3-15}$$

式中，α 表示家庭收入投资在子代的比例，γ 表示父代在子代投资和自身消费间的倾向值。

因此，子代收入（I_{t+1}）可表示为

$$\begin{aligned} I_{t+1} &= \alpha(1 + r_t)\, I_t + \alpha\,\omega_{t+1} \times e_{t+1} + \alpha\,\omega_{t+1} \times u_{t+1} \\ &= \beta_t\, I_t + \alpha\,\omega_{t+1} \times e_{t+1} + \alpha\,\omega_{t+1} \times u_{t+1} \end{aligned} \tag{3-16}$$

式中，$\beta_t = \alpha(1 + r_t)$。由此可知，子代收入由父代对子代的投资比例所决定，并且父代对子代的投资比例越大，子代基于禀赋和运气所获得的收入越高。综上，子代和父代的收入紧密相关，其相关程度由 β_t 表示。β_t 也成为衡量代际收入流动程度的系数。

将式（3-16）带入式（3-10）可推出父代收入与父代对子代人力资本投资的关系为

$$\begin{aligned} y_t &= \frac{\beta_t\, I_t + \alpha\,\omega_{t+1} \times e_{t+1} + \alpha\,\omega_{t+1} \times u_{t+1} - \omega_{t+1} \times e_{t+1} - \omega_{t+1} \times u_{t+1}}{\omega_{t+1}} \\ &= \frac{\beta_t}{\omega_{t+1}} \cdot I_t + (\alpha - 1) \times e_{t+1} + (\alpha - 1) \times u_{t+1} \end{aligned} \tag{3-17}$$

由此可见，父代收入和父代对子代的人力资本投资（y_t）的相关系数为 β_t / ω_{t+1}，这证明二者的关系与代际收入流动呈正相关关系，与每单位投资对子代的价值呈负相关关系。此外，这也说明父代收入水平越高，则对子代人力资本投资水平越高。综上，代际收入流动理论为本书测算迁移群体和未迁移群体的代际收入流动提供了理论基础。

综上可知，生命历程理论为本书展开对中国人口生命历程中人口迁移特征、未成年时期的人口迁移与代际收入流动探讨提供了基础。本书基于

中国人口生命历程调查数据的研究，为拓展生命历程理论的应用提供了来自发展中国家的案例。推拉理论、空间均衡理论则为本书探讨公共服务与人口动态迁移的关系提供了理论依据。长期以来，我国人口动态迁移受到公共服务的重要影响。本书为推拉理论、空间均衡理论在发展中国家的存在性提供了新的经验证据，并推动了这些理论在发展中国家的应用。此外，本书验证了年龄—迁移率理论模型在中国的存在性；代际收入流动理论被用于对比未成年时期迁移群体和未迁移群体的代际收入流动的测算，为证明人口迁移与代际收入流动的关系提供了理论依据。

第六节　相关政策

一、户籍政策

新中国成立以来，我国户籍制度经历了短暂放松、严格控制、再次逐步放松的改革历程（李振京，张林山，等，2014）。整体上，我国户籍制度的改革进程可大致分为五个阶段：

第一阶段，1949—1957 年。

该阶段户籍制度从重视公民自由迁移向限制公民自由迁移转变。1949年《中国人民政治协商会议共同纲领》和 1954 年《中华人民共和国宪法》明确规定公民具有"居住和迁徙的自由"。1955 年《关于建立经常户口登记制度的指示》提出建立人口迁入、迁出等登记和管理的户籍登记制度。1957 年《关于各单位从农村中招用临时工的暂行规定》明确要求不得私自从农村中招工、录用盲目流入城市的农民。由此，我国逐渐形成限制性的人口迁移政策。

第二阶段，1958—1978 年。

该阶段严格限制农民向城市自由迁移，城乡二元户籍制度形成。1958 年《中华人民共和国户口登记条例》颁布，该条例要求公民由农村迁往城市时必须持有城市劳动部门录用证明，或城市户口登记机关准入迁入的证明。该条例的颁布也标志着我国严格限制农村人口向城市流动的户口迁移制度形成。1962 年《关于加强户口管理工作的意见》再次强调严格控制农村人口往城市迁移。1977 年《公安部关于处理户口迁移的规定》进一步强调严格控制农业人口转为非农业人口。至此，我国公民丧失了自由迁移的权利。

第三阶段，1979—2001年。

该阶段户籍制度不断调整，人口迁移限制逐步放松。1980年《关于解决部分专业技术干部的农村家属迁往城镇由国家供应粮食问题的规定》指出，符合条件的专业技术干部其农村的配偶和15周岁以下的子女以及丧失劳动能力的父母可迁入城镇。1984年《关于农民进入集镇落户问题的通知》规定在集镇有固定住宿、经营能力，或在集镇企事业单位长期务工的农民和家属，可获得常住户口。1992年《关于实行当地有效城镇居民户口制度的通知》规定在城镇有稳定住宿和职业，并要求在城镇定居的农村人口，允许以蓝印户口的形式在城镇落户。1997年《小城镇户籍管理制度改革试点方案和完善农村户籍管理制度意见的通知》指出在小城镇的机关、企业等单位聘用人员，购买商品房或合法自建房且居住满两年的居民及直系亲属，可办理城镇常住户口。2001年《关于推进小城镇户籍管理制度改革的意见》指出在全国实施小城镇户籍制度改革，这标志我国小城镇的城镇户口全面放开。

第四阶段，2002—2013年。

该阶段户籍制度改革进程加快，人口迁移约束持续放松。2007年，公安部宣布逐步取消城乡二元户口性质的划分，统称为居民户口。至此，我国实现了城乡居民名义上的身份平等。2009年，上海市出台《持有<上海市居住证>人员申办本市常住户口试行办法》，规定持有居住证可享有教育、医疗等基本公共服务。2011年《国务院办公厅关于积极稳妥推进户籍管理制度改革的通知》提出分类改革的户籍改革政策，放宽小城镇落户限制，继续控制大城市人口规模，尽可能提供公平的基本公共服务。2013年《国务院关于城镇化建设工作情况的报告》再次强调全面放开小城镇和小城市落户限制，有序放开中等城市落户限制，逐步放开大城市落户条件。

第五阶段，2014—2020年。

该阶段户籍改革力度加大，农业转移人口逐步享受公平的基本公共服务，准入制与积分落户制并行。2014年《关于进一步推进户籍制度改革的意见》和《国家新型城镇化规划（2014—2020年）》强调全面放开建制镇和小城市落户限制、有序放开中等城市落户限制、合理确定大城市落户条件、严格控制特大城市人口规模。2016年《居住证暂行条例》颁布，规定离开常住户口所在地到其他城市居住半年及以上，有合法就业、稳定住宿等条件之一的，可申请居住证，享受在居住地就业和参加社保等公共服务的权益。2016 年《推动 1 亿非户籍人口在城市落户方案》强调大城市和中等城市落户条件中社会保险的年限不得超过 5 年和 3 年。2019 年国家发展改革委出台的《2019 年新型城镇化建设重点任务》再次强调，全面取消城区常住人口 100 万~300 万的 II 型大城市落户限制，全面放宽 200 万~500 万 I 型大城市落户条件，完善超大特大城市积分落户政策。

二、人口迁移政策

改革开放以来，我国人口迁移政策发生了一系列的变化，总体上都是围绕着如何保障我国人口自由迁移和平等享受公共服务权利进行制定。表 3-1 展示了我国人口迁移政策的演进过程。

表 3-1　我国人口迁移政策演进过程

时间	文件（政策）名称	核心内容
1993 年	《农村劳动力跨地区流动有序化——"城乡协调就业计划"第一期工程》	构建就业服务网络
1994 年	《农村劳动力跨省流动就业管理暂行规定》	农村劳动力跨省迁移须达到法定就业年龄、具备相关技能
1995 年	《关于加强流动人口管理工作的意见》	保障跨地区迁移劳动力的合法利益
1997 年	《关于进一步做好组织民工有序流动工作意见的通知》	完善流动就业凭证管理制度
2000 年	《关于进一步开展农村劳动力开发就业试点工作的通知》	取消对农村劳动者流动就业的限制
2003 年	《关于做好农民进城务工就业管理和服务工作的通知》	提高农民外出务工组织程度
2003 年	《关于进一步做好进城务工就业农民子女义务教育工作的意见》	将进城务工就业农民子女义务教育纳入流入地义务教育工作
2004 年	《关于进一步做好改善农民进城就业环境工作的通知》	实行暂住证一证管理，更新劳动力供求信息
2006 年	《关于解决农民工问题的若干意见》	把农民工纳入城市公共服务体系
2006 年	《人口发展"十一五"和 2020 年规划》	保障农村转移劳动力医疗卫生和社会保障等基本权益
2008 年	《关于切实做好当前农民工工作的通知》	健全农民工公共服务体系

表3-1（续）

时间	文件（政策）名称	核心内容
2012 年	《国家人口发展"十二五"规划的通知》	将符合条件农民工纳入城镇职工养老和医疗保险
2014 年	《关于进一步做好为农民工服务工作的意见》	明确农民工及其家属享受的基本公共服务项目
2016 年	《关于实施支持农业转移人口市民化若干财政政策的通知》	保障农业转移人口全面享受基本公共服务的权利
2016 年	《国家人口发展规划（2016—2030年）》	完善公共服务资源配置，增强基本公共服务对人口集聚和吸纳能力
2019 年	《关于促进劳动力和人才社会性流动体制机制改革的意见》	推进基本公共服务均等化
2020 年	《关于构建更加完善的要素市场化配置体制机制的意见》	推动公共服务资源以城镇常住人口进行配置

1993 年劳动部颁布的《农村劳动力跨地区流动有序化——"城乡协调就业计划"第一期工程》中明确提出，加快建立农村劳动力跨地区流动的信息交流中心，使我国农村劳动力流动有序化。1994 年劳动部出台的《农村劳动力跨省流动就业管理暂行规定》规定了农村劳动力跨省流动的相关条件和权利。1995 年国务院出台的《关于加强流动人口管理工作的意见》强调对跨地区务工经商人员坚持经济、法律和政治上的一视同仁，保障外来务工经商人员的合法利益。1997 年《关于进一步做好组织民工有序流动工作意见的通知》进一步强调完善流动就业凭证管理制度，促进城乡劳动力合理有序流动。2000 年劳动保障部等 7 部门出台了《关于进一步开展农村劳动力开发就业试点工作的通知》强调在试点地区取消对农村劳动者流动就业的限制，积极开展农村富余劳动力向非农产业转移的职业培训。2000 年《中国 21 世纪人口与发展》白皮书同样强调，调整我国户口政策，保障公民迁移和择业的权利。

2003 年和 2004 年国务院先后出台了《关于做好农民进城务工就业管理和服务工作的通知》和《关于进一步做好改善农民进城就业环境工作的通知》强调取消对农民进城就业的职业工种限制，实行暂住证一证管理。针对进城务工农民子女的教育问题，2003 年国务院出台的《关于进一步做好进城务工就业农民子女义务教育工作的意见》明确指出，流入地教育行政部门应将进城务工就业农民子女义务教育纳入流入地义务教育工作。

2006 年，国务院出台《关于解决农民工问题的若干意见》再次强调为农民转移就业提供政策咨询、就业信息，消除对农民进城务工障碍；探索适合农民工特征的养老保障制度，逐步把农民工纳入城市公共服务体系。2006 年我国《人口发展"十一五"和 2020 年规划》同样强调，要保障农村转移劳动力就业、医疗卫生、子女受教育和社会保障等基本权益。为应对国际金融危机导致我国大量农民工集中返乡的问题，2008 年国务院出台了《关于切实做好当前农民工工作的通知》。该通知明确指出，加快制定农民工社会保险关系异地转移办法，健全农民工公共服务体系，积极引导返乡农民工参加新型农村合作医疗。2012 年《国家人口发展"十二五"规划的通知》明确指出，以多种形式将符合条件的农民工纳入城镇职工养老和医疗保险，并确保进城务工人员随迁子女平等接受义务教育，加快建立流动人口基本公共服务均等化保障机制。2014 年，国务院出台的《关于进一步做好为农民工服务工作的意见》进一步指出，要明确农民工及其家属享受的基本公共服务项目，不断扩大项目范围；保障农民工随迁子女平等接收学前和义务教育的权利；扩大农民工参加城镇社会保险覆盖面。

2016 年，国务院出台的《关于实施支持农业转移人口市民化若干财政政策的通知》规定，流入地政府要尽力保障农业转移人口全面享受基本公共服务的权利。2016 年《国家人口发展规划（2016—2030 年）》强调完善公共服务资源配置，增强基本公共服务对人口集聚和吸纳能力。2019 年，国务院出台的《关于促进劳动力和人才社会性流动体制机制改革的意见》重点强调以户籍制度和公共服务牵引区域流动。放宽大城市落户限制，加快推进基本公共服务均等化，保障常住人口和户籍人口享受同等的教育、社保、医疗卫生等公共服务。2020 年《关于构建更加完善的要素市场化配置体制机制的意见》指出为了引导劳动力要素合理畅通有序流动，应进一步放宽大城市落户限制，建立城镇教育、医疗卫生等基本公共服务与常住人口挂钩机制，推动公共服务资源以城镇常住人口进行配置。

三、城镇化政策

2000 年，中共中央关于制定"十五"计划的建议明确指出我国推进城镇化条件已经成熟，要提高城镇化水平，转移农村人口，为经济发展提供持久的动力。2002 年，党的十六大报告对全面建设小康社会的目标进行详细的阐述，并指出农村富余劳动力向非农产业和城镇转移是工业化的必然趋势，要实现大中小城市和小城镇协同发展。2007年，党的十七大报告则进一步提出按照统筹城乡、以大带小的方针，促进大中小城市和小城镇协调发展。

2012年，党的十八大报告为了完成全面建成小康社会和全面深化改革开放目标进一步提出了新型城镇化和推进经济结构调整的策略。其中，明确强调加快我国户籍制度改革，有序推进农业转移人口市民化，实现城镇常住人口基本公共服务全覆盖。2014年，《国家新型城镇化规划（2014—2020年）》强调建立健全农业转移人口市民化推进机制。首先，建立农业转移人口市民化成本分担机制，明确市民化成本承担主体和支出责任。其次，积极推进农业转移人口获得公平的城镇基本公共服务，保障随迁子女教育权利、扩大农民工参加城市职工保险比例，将农民工及其家属纳入社区卫生服务体系。该规划还强调培育中西部地区城市群，吸纳东部返乡和就近转移的农民工。

2018年，中共中央、国务院出台的《乡村振兴战略规划（2018—2022年）》针对农业转移人口市民化问题，提出两点建议：①鼓励各地放宽落户条件，优先解决在城镇就业居住5年以上的农业转移人口落户问题。②全面实行居住证制度，保障未落户城镇常住人口享受医疗卫生和社会保障等基本公共服务。2020年，国家发展改革委出台的《2020年新型城镇化建设和城乡融合发展重点任务》再次强调打破阻碍劳动力自由流动的不合理壁垒，重点督促常住人口300万以下城市全面取消落户限制，并积极推动城镇基本公共服务覆盖未落户常住人口。

四、搬迁移民政策

1978—2019年，我国农村贫困人口从7.7亿减少到551万人，累计实现约7亿农村贫困人口摆脱贫困，农村贫困发生率下降至0.6%（中国农村贫困监测报告，2019；国民经济和社会发展统计公报，2019）。我国成为首个实现联合国减贫目标的发展中国家，对全球减贫贡献超过70%。2020年11月23日，我国脱贫攻坚目标任务已经完成。这举世瞩目的脱贫成就，离不开中国政府实施的一系列搬迁移民政策（项目），见表3-2。

表 3-2 我国搬迁移民的演进过程

时间	文件名称/政策	核心内容
1982 年	国务院成立"三西"地区建设领导小组	通过扶贫移民搬迁方式,缓解"三西"地区的贫困状况
1983 年	中国政府实施"三西吊庄移民"	开启中国搬迁移民的先河
1994 年	《国家八七扶贫攻坚计划》	首次正式提出开发式移民
1996 年	《中共中央 国务院关于尽快解决农村贫困人口温饱问题的决定》	缺乏基本生产生活条件的少数特困村,实行开发式搬迁移民
1998 年	《中共中央关于农业和农村工作若干重大问题的决定》	极少数生存条件极端恶劣的贫困人口可以有计划地实行移民开发
2001 年	《中国农村扶贫开发纲要(2001—2010 年)》	将自愿移民搬迁作为中国农村扶贫开发的重要途径
2006 年	《易地扶贫搬迁"十一五"规划》	拓宽搬迁群体就业和增收渠道
2011 年	《中国农村扶贫开发纲要(2011—2020 年)》	将易地扶贫搬迁纳入专项扶贫方案
2012 年	《易地扶贫搬迁"十二五"规划》	对 240 万生存条件恶劣地区的农村贫困人口实施易地扶贫搬迁
2015 年	《中共中央 国务院关于打赢脱贫攻坚战的决定》	通过易地搬迁、转移就业等措施实现我国 5 000 万左右建档立卡贫困人口脱贫
2016 年	《全国"十三五"易地扶贫搬迁规划》	完成约 981 万人口的搬迁脱贫任务
2016 年	《"十三五"脱贫攻坚规划》	保障搬迁群体享有便利的教育、医疗等公共服务
2018 年	《中共中央 国务院关于打赢脱贫攻坚战三年行动的指导意见》	3 年完成 390 万左右贫困人口搬迁移民任务

1982 年,我国开始探索通过搬迁移民的方式促进生存环境恶劣地区的贫困人口摆脱贫困。1994 年《国家八七扶贫攻坚计划》首次正式提出开发式移民(檀学文,2019)。近 40 年以来,我国出台了一系列开发式移民政策。

1982 年,国务院成立"三西"地区(甘肃河西地区、定西地区和宁夏西海固地区)建设领导小组,将"三西"地区作为全国第一个区域性扶贫开发实验地,计划通过实施扶贫移民搬迁方式,将定西和西海固地区部分村庄整村迁移到河西、河套和沿黄河两岸,缓解定西和西海固地区的贫困状况。1983 年，针对"三西"地区严重干旱缺水和当地群体生存困难的情况，中国政府实施"三西吊庄移民"项目，开启了中国搬迁移民的先河。

1994 年，《国家八七扶贫攻坚计划》明确将开发式移民作为我国扶贫开发的主要方针，强调针对生存和发展条件特别困难的村庄或农户，实施开发式移民。1996 年《中共中央 国务院关于尽快解决农村贫困人口温饱问题的决定》和 1998 年《中共中央关于农业和农村工作若干重大问题的决定》，都强调针对生存条件极端恶劣的贫困人口，或者缺乏基本生产生活条件的少数特困村，要按照农民自愿的原则实行有计划的开发式移民。2001 年，《中国农村扶贫开发纲要（2001—2010 年）》将自愿移民搬迁作为中国农村扶贫开发的重要途径之一。该《纲要》强调对居住在生存条件恶劣、自然资源匮乏地区的特困人口，结合退耕还林还草实施搬迁扶贫，并做好搬迁后的帮扶工作。

2006 年，《易地扶贫搬迁"十一五"规划》强调尊重搬迁群体意愿，积极引导搬迁群体直接参与工程建设；加强劳动力技能培训，拓宽就业和增收渠道，确保搬迁群体稳定脱贫。2011 年《中国农村扶贫开发纲要（2010—2020 年）》将易地扶贫搬迁纳入专项扶贫方案。方案强调在自愿搬迁的前提下，对生存条件恶劣地区扶贫对象实施易地扶贫搬迁。同时要充分考虑资源条件，引导扶贫对象向中小城镇、工业园区移民，实现易地扶贫搬迁群体脱贫致富。2012 年《易地扶贫搬迁"十二五"规划》强调加大易地扶贫搬迁力度，对生存条件恶劣地区的农村贫困人口实施易地扶贫搬迁，并促进其尽快融入当地社会，实现共同发展和致富。

2015 年，《中共中央 国务院关于打赢脱贫攻坚战的决定》明确提出通过易地搬迁、转移就业等措施实现我国 5 000 万左右建档立卡贫困人口脱贫。具体上，对居住条件恶劣、生态环境脆弱等地区的农村贫困人口，通过依托小城镇、工业园区等搬迁安置方式，帮助搬迁人口转移就业、并确保搬迁人口享有与当地群众同等的公共服务。2016 年国家发展改革出台的《全国"十三五"易地扶贫搬迁规划》计划在 2016—2020 年完成约 981 万建档立卡搬迁人口搬迁脱贫任务。2016 年《"十三五"脱贫攻坚规划》强调组织实施好易地扶贫搬迁工程，确保搬迁群体享有便利的教育和医疗等公共服务，增强其适应新环境的信心，使其积极融入当地社会。2018 年《中共中央 国务院关于打赢脱贫攻坚战三年行动的指导意见》再次强调深入推进易地扶贫搬迁计划，今后 3 年完成剩余 390 万左右贫困人口搬迁移民任务；并做好搬迁群众就医、上学、社保和心理疏导等搬迁后续服务工作，从而积极引导搬迁群体融入新环境，实现搬迁群体稳定脱贫、逐步致富。

第七节　分析框架

　　基于前文相关理论和政策的分析，我们构建出了本书的详细分析框架。该分析框架参考了发展经济学和人口经济学中关于人口迁移、收入分配与贫困的分析思路——"人口迁移→人口迁移的解释→人口迁移与收入"。生命历程理论、年龄—迁移率理论模型、刘易斯二元经济模型、拉尼斯—费景汉模型和户籍政策等为刻画生命历程中我国人口迁移特征提供了理论和政策基础。在第五章中，我们将分别从时间维度、空间维度以及经济特征的维度对生命历程中我国人口迁移时空特征进行归纳和总结；然后从生命历程中升学、就业和婚姻事件的角度探讨这些事件与生命历程中我国人口迁移的关系。推拉理论、公共品供给理论、空间均衡理论、城镇化和人口迁移政策为探讨我国人口动态迁移的原因提供了理论和政策参考。在第六章中，我们将从人口迁移的拉力——城市公共服务的维度探讨生命历程中我国人口动态迁移的原因。代际收入流动理论和搬迁移民政策则为探讨生命历程中未成年时期的人口迁移与代际收入流动提供了理论和政策依据。在第七章中，我们将基于代际收入流动理论首先分别测算了迁移群体和非迁移群体的代际收入流动水平；然后探讨生命历程中未成年时期的人口迁移与代际收入流动的因果关系；最后进一步探讨了人口迁移与代际收入流动的作用机制。在第八章中，我们总结了本书的结论，并提炼出如何通过人口迁移促进我国代际收入流动的政策。本书的核心观点是：破除人口迁移制度障碍、建立脱贫人口迁移的帮扶机制，并加快公共服务均等化进程，使个体获得均等的公共服务，从而促进个体公平发展、提高我国代际流动水平。

第四章 我国人口迁移与代际收入流动概况

本章旨在了解我国人口迁移和代际收入流动概况，并进一步展示我国人口迁移与代际收入流动的相关关系，这有利于我们更好地基于生命历程视角探讨我国人口迁移与代际收入流动的关系。本章的主要意图是基于2014年中国健康与养老追踪调查—生命历程调查（CHARLS—LHS）数据描述我国人口迁移的动态图景；并将其与2013年中国健康与养老追踪调查（CHARLS）数据匹配，得到4 472对父代—子代收入匹配数据，探讨迁移群体和未迁移群体代际收入流动的基本特征。具体地，本章将从整体上刻画出我国人口迁移时间变化特征；然后，分别测算迁移群体和未迁移群体代际收入流动水平；最后基于迁移发生时期等分析代际收入流动水平的差异性。

第一节　数据来源和样本描述

本章使用的数据主要来源于北京大学2014年的中国健康与养老追踪调查—生命历程调查数据，该调查数据是针对2011年和2013年实施的中国健康与养老追踪调查中所有被访者进行的中国居民生命历程专项调查。该专项调查共调查了全国28个省（市、区）、150个县（区）、450个村（居）的12 386个家庭中，年龄在45岁及以上的20 654个个人，详细调查了被调查住户人群的迁移史、教育史、工作史、健康史和家庭史等信息。这为本章从生命历程视角研究我国人口问题提供了一套高质量的微观调查数据。

在数据处理上，删除了性别、年龄、文化程度、户口类型、迁移时间和迁移地点等关键信息缺失或数值异常的样本。由于中国健康与养老追踪调查—生命历程调查是针对 45 岁及以上的群体，为了减小样本的异质性，并考虑与已有研究在年龄上具有一致性，从而可以进行对比分析。因此，将样本的出生年龄限制在 1930—1969 年。最终，得到 17 789 个有效样本；其中，5 819 个样本至少有一次迁移经历。基于该数据，本章对生命历程中我国人口迁移的时间特征进行了简要刻画。

2013 年中国健康与养老追踪调查访问了约 10 800 个家庭中每个子女的年平均收入。鉴于此，本章将 2014 年中国健康与养老追踪调查—生命历程调查数据与 2013 年中国健康与养老追踪调查数据进行匹配。删除子代年平均收入缺失的样本后最终得到父代—子代匹配的 4 472 个有效样本，其中，迁移样本为 1 417 个。基于该数据，本章对迁移群体和未迁移群体的代际收入流动水平进行了测算和对比分析。

表 4-1 展示了变量赋值和描述性统计结果。对于未匹配样本，迁移群体和未迁移群体中父代样本中男性和女性占比相近，子代样本中男性比例高于女性。迁移群体父代文化程度较低，80% 在初中及以下程度；70% 的子代文化程度在初中及以上程度。比较而言，迁移群体父代和子代文化程度都略高于未迁移群体。而迁移群体和未迁移群体父代和子代的平均年龄相比，分别在 58 岁和 32 岁左右。对于匹配后样本，父代和子代在性别、年龄和文化程度等方面与未匹配样本是基本一致的。

表 4-1　变量定义和描述性统计

变量	定义/赋值	未匹配样本		匹配后样本	
		未迁移者	迁移者	未迁移者	迁移者
父代性别	女性/%	52.49	49.89	48.02	45.24
	男性/%	47.51	50.11	51.98	54.76
子代性别	女性/%	30.69	33.72	26.84	29.64
	男性/%	69.31	66.28	73.16	70.36

表4-1（续）

变量	定义/赋值	未匹配样本		匹配后样本	
		未迁移者	迁移者	未迁移者	迁移者
父代文化程度	小学以下/%	22.19	13.90	20.62	14.18
	小学/%	40.96	35.93	42.62	37.54
	初中/%	25.41	29.80	23.47	26.75
	高中/%	7.59	10.02	8.77	10.87
	大中专及以上/%	3.85	10.35	4.51	10.65
子代文化程度	小学以下/%	38.74	26.59	9.36	7.62
	小学/%	10.89	10.47	20.95	15.24
	初中/%	24.02	24.90	37.02	34.16
	高中/%	6.61	8.20	9.20	11.36
	大中专及以上/%	19.74	29.84	23.47	31.62
父代年龄	岁	58.26	57.81	61.05	62.32
子女年龄	岁	32.79	32.01	34.27	35.17
父代年收入	元	—	—	9 955.27	10 847.36
子代年收入	元	—	—	33 429.79	39 103.72
样本量		11 970	5 819	3 055	1 417

注：表中展示的是变量的均值或百分比。父代和子代收入通过 CPI 调整为 2014 年水平。对于未匹配样本，指的是 17 789 个个体的样本；匹配后样本是指与 2013 年中国健康与养老追踪调查数据匹配后得到的 4 472 个家庭父代和子代（第一个子女）匹配样本。"—"表示缺失值。父代年收入是指父代截至 2014 年全部工作经历的平均年收入。子代年收入是指子代 2013 年的年收入。

第二节　人口迁移和代际收入流动特征

一、人口迁移概况

（一）基于自发性移民的人口迁移分析

首次迁移呈现出逐步增长再快速下降的倒"U"形特征，第 2 次迁移则呈现快速增长再缓慢下降的趋势。具体来说，1930—1960 年出生群体生命历程中首次迁移的时间分布特征显示，在生命历程的未成年时期（大约在 1950—1970 年）个体迁移率呈现快速增长趋势，在生命历程的青年时期（大约在 1970—1990 年）迁移率达到最高峰，之后迁移率显著下降，但在 2000 年之后又有一个上升的小高峰。从生命历程中第 2 次迁移时间分布特征来看，在生命历程的未成年时期个体迁移率快速增长，在青年时期迁移率达到高峰，之后呈现略微下降趋势。

从不同出生年代群体的迁移特征来看，首次迁移时 1940—1960 年代出生群体的迁移率呈现明显的倒"U"形特征。具体地，对于 1940—1960 年出生的群体来说，在其出生后随着时间的推移，迁移率逐渐上升，在 20~30 岁达到高峰，之后逐渐下降。值得注意的是，在 2000 年以后 1940—1960 年出生群体的迁移率会出现一个小幅上涨的趋势。这可能是，1940—1960 年出生群体逐步到达退休年龄，由退休导致的迁移率提升。在第 2 次迁移时，与首次迁移相似，1930—1950 年代出生群体的迁移率呈现倒"U"形特征。1960 年出生群体随时间的变化人口迁移率整体上都保持在较高的水平。

（二）基于搬迁移民的人口迁移分析

长期以来，搬迁移民就是我国贫困人口脱贫和发展的重要途径。同时，搬迁移民群体也是我国迁移人口的重要组成部分，在我国迁移人口中占据着重要的地位。全国来看，"十五""十一五"和"十二五"期间，我国分别对 122 万、162.7 万和 394 万贫困人口实施了搬迁移民。2016 年国家发展改革出台的《全国十三五易地扶贫搬迁规划》计划在 2016—2020 年完成全国 22 个省份 981 万建档立卡搬迁人口搬迁脱贫任务。其中，西部 12 省份搬迁人口约 664 万人；中部 6 省份搬迁人口约 296 万人；东部 4 省份搬迁人口约 21 万人。

表 4-2 进一步展示了我国部分省份从"十一五"到"十三五"期间的搬迁移民情况，可以看出，长期以来搬迁移民已成为我国贫困地区贫困人口脱贫和发展的主要方式，近几年我国搬迁移民呈现出区域范围更广、人数更多的发展趋势。

表 4-2　部分省份的搬迁移民概况　　　　　单位：万人

区域	"十一五"期间	"十二五"期间	"十三五"期间
甘肃	35.3	30	73.14

表4-2（续）

区域	"十一五"期间	"十二五"期间	"十三五"期间
山西	1.50	10	56
宁夏	12	32.90	8.21
云南	23	35.72	99.5
河南	51.40	—	31.24
广西	20	—	71
湖北	48	—	88.23
贵州	—	15.19	188
湖南	—	4.90	69.40
四川	—	33.74	136
陕西	—	11.9	84.36
安徽	—	2.40	8.30
重庆	—	12.30	25.20
西藏	—	—	26.60
新疆	—	—	11

注："十一五""十二五"和"十三五"期间分别指2006—2010年、2011—2015和2016—2020年。数据来源于河南、甘肃、宁夏和新疆"十三五"易地扶贫搬迁规划，安徽省"十三五"时期易地扶贫搬迁实施办法，山西省"十三五"时期易地扶贫搬迁实施方案，山西省易地扶贫搬迁"十二五"规划，甘肃省"十二五"易地扶贫搬迁规划，云南省易地扶贫搬迁"十一五"规划，云南省人民政府网，中国西藏网，《重庆日报》，《人民日报》，新华网，央广网，中国新闻网，陕西省扶贫办。受限于数据收集问题，部分省份部分时期的搬迁移民人数并不是全省的加总人数。"—"表示数据缺失。

综上可知，我国人口迁移主要有两种类型：①自发性的人口迁移；②搬迁移民的人口迁移。然而，基于自发性人口迁移数据的研究普遍存在难以克服的自选择问题，因此，难以获得人口迁移与代际收入流动的因果关系。鉴于此，本书将自发性和搬迁移民的人口迁移数据相结合，利用自发性人口迁移数据，总结我国人口迁移规律；利用搬迁移民人口迁移的准自然实验特性，探讨人口迁移与代际收入流动的因果关系。具体上，本书将在第5和6章中基于中国健康与养老追踪调查—生命历程调查数据，从生命历程视角探讨自发性的人口迁移特征和人口迁移的影响因素；在第7章中基于山东博山的搬迁移民准自然实验探讨生命历程中未成年时期的人口迁移与代际收入流动的因果关系及作用机制。将自发性人口迁移的数据和搬迁移民方式的人口迁移数据相结合，既能全面了解我国人口迁移特征、人口迁移的影响因素，又能探讨人口迁移对代际收入流动的因果关系。

二、人口迁移与代际收入流动的关系

（一）代际收入流动测算方法

代际收入弹性（Intergenerational Elasticity，IGE）是最普遍用于测算代际收入流动水平的方法。参考法恩等人（Fan et al.，2021）的做法，本章通过父代终生平均年收入与子代 2013 年的年收入分别测算迁移群体和未迁移群体代际收入弹性。具体如下：

$$\ln y_{it} = \beta_0 + \beta_1 \ln y_{i,\,t-1} + \varepsilon_{it} \tag{4-1}$$

式中，系数 β_1 衡量父代收入变化对子代收入变化的影响程度，称为代际收入弹性。若 β_1 越大说明代际收入流动水平越低，反之，β_1 越小则说明代际收入流动水平越高。$\ln y_{it}$ 和 $\ln y_{i,\,t-1}$ 分别表示第 i 个家庭中子代和父代年收入的对数。ε_{it} 表示模型误差项。

本章将使用该模型分别测算迁移群体和未迁移群体的代际收入弹性。

对于高收入和低收入群体，其父代和子代收入往往呈现非线性关系。因此，代际收入弹性的估计结果可能是有偏的。鉴于此，本章使用父代和子代收入位序测算代际收入排序系数（Intergenerational Rank Correlation，IRC）。具体如下：

$$\text{Rank}_{it} = \alpha_0 + \alpha_1 \text{Rank}_{i,\,t-1} + \xi_{it} \tag{4-2}$$

式中，Rank_{it} 和 $\text{Rank}_{i,\,t-1}$ 分别表示子代和父代收入的百分位排序值；α_1 表示代际收入排序系数。ξ_{it} 表示模型误差项。

同样地，本章将使用该模型分别测算迁移群体和未迁移群体的代际收入排序系数。

参考法恩等人（Fan et al.，2021）和梭伦（Solon，1992）的研究，本章在回归方程中纳入子代年龄和父代年龄，减缓只使用年收入数据估计导致向下偏误。此外，基于孙三百、黄薇和洪俊杰（2012）的研究，本章进一步通过在回归方程中加入迁移虚拟变量和父代年收入与迁移虚拟变量的交互项考察人口迁移对代际收入流动的影响。具体如下：

$$\ln y_{it} = \beta_0 + \beta_1 \ln y_{i,\,t-1} + \beta_2 \text{mig}_{it} + \beta_3 \text{mig}_{it} \times \ln y_{i,\,t-1} + \beta_z Z_i + \mu_{it} \tag{4-3}$$

式中，mig_{it} 为迁移虚拟变量，迁移为 1，反之为 0；$\text{mig}_{it} \times \ln y_{i,\,t-1}$ 为迁

移虚拟变量和父代年收入对数的交互项；Z_i 为控制变量，主要包括子代和父代年龄和年龄平方、父代和子代受教育程度。

（二）测算结果

表 4-3 的模型 A 和模型 B 分别展示了使用公式（4-1）和（4-2）测算出的代际收入弹性和代际收入排序系数。通过对比可知，整体上，迁移群体比未迁移群体具有更高的代际收入流动水平。其中，迁移群体和未迁移群体的代际收入流动弹性分别为 0.03 和 0.05、代际收入排序系数分别为 0.03 和 0.05。由此可知，在中国，人口迁移的确对代际收入流动有显著的促进作用。这一初步判断，与阿布拉米茨基等人（Abramitzky et al.，2021）对美国人口迁移与代际收入流动的研究结论也是一致的。无论在发展中国家还是发达国家，已有的研究都普遍显示，人口迁移在改善代际收入流动方面表现出积极的作用。

表 4-3　迁移者和未迁移者代际收入流动的差异

系数	模型 A：代际收入弹性			模型 B：代际收入排序系数		
	未迁移者	迁移者	全样本	未迁移者	迁移者	全样本
	（1）	（2）	（3）	（44）	（5）	（6）
β	0.05 ***	0.04	0.05 ***	0.05 ***	0.03	0.04 ***
	(0.02)	(0.02)	(0.01)	(0.02)	(0.03)	(0.01)
样本量	3 055	1 417	4 472	3 055	1 417	4 472
R 平方	0.11	0.13	0.11	0.12	0.13	0.12

注：括号内为稳健标准误。*、** 和 *** 分别表示参数估计值在 10%、5% 和 1% 的统计水平上显著。

基于公式（4-3），在纳入人口迁移虚拟变量后，人口迁移对子女收入具有正向作用。具体可见表 4-4 中列（1）和列（2）：迁移和父代收入交互项的系数显著为负，这说明迁移和非迁移群体的代际收入弹性和排序系数具有显著差异；未迁移群体的代际收入弹性和排序系数都为 0.06，迁移群体的代际收入弹性和排序系数分别为 0.03 和 0.02，显著低于未迁移群体。由此可知，人口迁移显著促进了个体的代际收入流动。

表 4-4　迁移对代际收入流动的影响

类型	（1） 代际收入弹性	（2） 代际收入排序系数
父代收入	0.06 *** （0.02）	0.06 *** （0.02）
迁移	0.39 （0.24）	0.94 （1.75）
父代收入×迁移	−0.03 （0.03）	−0.04 （0.03）
控制变量	控制	控制
样本数	4 472	4 472
R 平方	0.11	0.12

注：括号内为稳健标准误。*、** 和 *** 分别表示参数估计值在 10%、5% 和 1% 的统计水平上显著。控制变量包括：年龄、年龄平方、父代受教育程度、子代受教育程度。迁移群体的代际收入弹性和排序系数由未迁移群体的代际收入弹性和排序系数减去交互项的系数得到。具体地，迁移群体的代际收入弹性为 0.06−0.03＝0.03；代际收入排序系数为 0.06−0.04＝0.02。

第三节　本章小结

本章基于 2014 年的中国健康与养老追踪调查—生命历程调查数据和 2013 年中国健康与养老追踪调查数据，描绘了我国人口迁移概况和人口迁移与代际收入流动的关系。结果显示，生命历程中首次迁移的概率分布呈现出倒"U"形特征，第 2 次迁移的概率呈现出逐步上升再缓慢下降的趋势。整体上，1930—1950 年的出生群体整个生命历程中人口迁移率呈现出由低到高逐渐降低的倒"U"形特征。生命历程中的人口迁移显著提高了迁移群体的代际收入流动水平，尤其提高了未成年时期迁移群体的代际收入流动水平。综上，本章得到一个初步的判断，人口迁移对代际收入流动具有显著的促进作用。

基于第一、二章相关背景和文献的总结，第三章相关理论和政策的梳理，再结合本章对我国人口迁移和代际收入流动概况的初步探讨，不难发现，已有的文献对于生命历程视角下我国人口迁移规律的总结是不充分的；对于我国人口动态迁移影响因素的分析仍旧局限于静态分析视角；关于人口迁移与代际收入流动关系的探讨仍旧聚集于二者的相关关系，而因果关系的探讨依旧是不充足的。综上可知，对于生命历程视角下我国人口迁移特征、人口迁移的影响因素以及人口迁移与代际收入流动的因果关系及作用机制急需更加深入的分析。鉴于此，本章提炼出将在第五、六和七章逐步展开的三个研究问题。①生命历程视角下我国人口迁移的时空特征是什么？②在我国人口迁移政策和户籍政策不断改革的背景下，城市公共服务与生命历程中我国人口动态迁移有怎样的关系？③第四章的分析显示，我国迁移群体具有更高的代际收入流动水平；那么，生命历程中未成年时期的人口迁移与代际收入流动之间的因果关系是什么，作用机制又是如何的？

第五章　生命历程视角下人口迁移时空特征及影响因素分析

第一节　引言

新中国成立以来，我国人口迁移经历了从集体理性到个体理性的转变过程。20 世纪 80 年代之前，我国人口迁移主要是集体理性的体现；80 年代后则主要是个体理性选择的结果（姚从容，2013）。在城乡二元户籍制度的制约下，我国人口迁移呈现出流出—回流的"钟摆"特征（邓曲恒，古斯塔夫森，2007；蔡昉，2001）。与其他国家相比，这种"钟摆"特征十分突出（孙战文，张菡冰，2019）。在我国不同历史时期人口迁移政策不断变迁的背景下，我国人口迁移呈现出剧烈波动的特征。统计显示，1954—1956 年我国迁移人口从 2 200 万人增长到 3 000 万人；1960—1966 年又从 3 300 万人下降到 1 400 万人；1967—1969 年一度降低到 500 万～600 万人；1970—1976 年大概维持在 1 500 万～1 600 万人；1977—2019 年则从 1 400 多万人大幅增长到 2.49 亿人（原新，邬沧萍，李建民，等，2009）。

本章将生命历程中个体迁移路径不断转变的过程定义为人口迁移动态过程。我国人口迁移动态过程是在国家不同历史时期的人口政策和个体生命历程不同发展阶段共同作用下形成的。同时，人口迁移动态过程导致个体生命历程中的居住环境不断转变，对其人力资本和收入产生着深远的影响。因此，基于生命历程视角探讨我国人口迁移动态过程的特征，本章将考察我国人口迁移长期影响，以及生命历程中升学、就业和婚姻事件与人口迁移的关系，对于理解当代社会的人口迁移有着重要的贡献。同时，基于生命历程视角对我国人口迁移进行研究，有助于对我国人口迁移规律做出更为全面的认识，并为制定我国人口发展规划和挖掘我国经济潜在增长率提供决策基础。

20世纪90年代，国外学者在中国开展了中国居民生命历程数据的收集、整理和分析工作，从生命历程的视角探讨了中国居民的教育、婚姻、就业、收入等问题（Zhu，2002）。比如，周和侯（Zhou & Hou，1999）在1994年收集了中国6个省5 112个城市居民的生命史数据，从生命历程视角探讨了"上山下乡"的迁移经历对个体结婚、生育、就业等生命历程事件的影响。结果发现，"上山下乡"的迁移经历推迟了迁移者的结婚和生育年龄，但提高了女性返城后的就业收入。基于1994年收集的中国城市居民生命史数据，周和莫因（Zhou & Moen，2001）进一步探讨了不同出生群组的就业和收入的转换特征。结果发现，大学文化程度能够显著促进个体进入政府部门工作，并且文化程度能够显著提高1960—1990年出生群组的收入水平。类似地，基于1996年收集的中国城市居民生命史数据，魏昂德等人（Walder et al.，2000）发现党员身份和大学文化程度能够显著提升居民的职业流动水平。基于该数据，李和魏昂德（Li & Walder，2001）进一步分析了党员资格和文化程度对职位晋升的影响，结果发现，年轻时获得党员资格和参加过成年教育的群体更易获得晋升。

此后，国内学者逐步引入了生命历程研究范式，并从生命历程视角展开了一系列对中国居民就业和退休问题的研究。李强、邓建伟和晓筝（1999）较早地对生命历程研究范式和方法进行了详细的总结，为国内学者使用这一研究范式开展中国人口的生命历程研究奠定了基础。之后，国内兴起了生命历程研究的热潮。刘精明（2001）基于一项中国农村居民生命史调查数据，分析了生活经历对农民职业转换的影响。郭于华和常爱书（2005）基于生命历程的视角，探讨了下岗失业工人的社会保障问题。包蕾萍（2005）进一步对生命历程和生命周期以及生活史研究进行了全面的剖析，并深入探讨了生命历程理论的时间观。郑作彧和胡珊（2018）对比了生命历程研究的北美范式和欧陆范式，并指出欧陆范式可以为我国生命历程研究拓展出新的研究视野。

综上可知，基于生命历程调查数据对我国人口迁移特征和趋势的特征事实分析是非常不充分的；关于我国人口迁移的影响以及人口迁移作用机制的研究多数是基于短期分析的视角展开的。经典的人口迁移流动转变理论强调当经济持续发展和现代化程度提高后，人口的迁移会发生转变（Ze-linsky，1971）。新中国成立以来，我国经济社会的发展经历了剧烈的变动。尤其是改革开放以来，我国经济飞速发展、现代化程度不断提高（段成荣，吕利丹，王涵，等，2020）。那么，在我国经济社会剧烈变动的背景下，从生命历程视角来看我国的人口迁移具有怎样的特征？是否也随我国经济社会的发展而发生着剧烈变动？今后我国人口迁移将会如何转变？这些都需要系统性地展开研究。

本章依旧利用2014年中国健康与养老追踪调查—生命历程调查数据，从生命历程的视角展开对我国人口迁移规律和影响因素的研究。本章试图探讨3个问题：①基于生命历程调查数据，利用生存分析法刻画我国人口迁移的基本特征和趋势；②探讨生命历程中我国的人口迁移对居住地公共服务、人力资本和收入的长期影响；③从生命历程视角探讨生命历程中的升学、就业和婚姻事件与我国人口迁移的关系。

第二节　方法和数据

一、研究方法

生存分析法是一种既可以刻画事件发生风险（概率）随历险时间变化的分布特征，又能够对影响事件历险时间的主要因素进行探究的统计推断方法。生存分析法使用的前提是，既要知道事件是否发生，又要知道事件发生的时间。本章是基于2014年中国健康与养老追踪调查—生命历程调查数据展开的，该数据包含个体的迁移史、家庭史等详细信息。我们既知道个体是否发生迁移行为，又知道迁移发生的时间。因此，本章的数据满足生存分析法的假设要求。

生存函数 $S(t)$ 是个体到 t 时还未经历某种事件的概率。假设 T 为发生迁移的时间，是一个非负随机变量。本章定义个体迁移的生存函数为

$$S(t) = \Pr(T > t) \tag{5-1}$$

式中，$S(t)$ 是时间 t 的连续递减函数，表示个体直到 $T = t$ 年时仍未迁移的概率。并且，t 等于0时，$S(t) = 1$；当 t 趋于无穷时，$S(t)$ 趋于0。

$F(t)$ 为 T 的累积分布函数，当 $F(t) = \Pr(T \leq t)$ 时，可以推导出，$S(t) = \Pr(T > t) = 1 - \Pr(T \leq t) = 1 - F(t)$ 。

基于历险时间的统计分布特征，可以将生存分析法的估计分为参数模型、非参数模型和半参数模型。具体地，①事件的历险时间是遵循指数分布或韦伯分布时称之为参数模型；②事件的历险时间和历险时间的影响因素都不遵循某种统计分布时称之为非参数模型，其中，乘积极限法（Kaplan-Meier 方法）是常用的非参数模型；③事件的历险时间是非参数形式，而历险时间的影响因素是参数形式时称之为半参数模型，其中，Cox 比例风险模型是最常用的半参数模型。

通常，基于生命历程视角下对个体迁移行为生存函数的估计值多采用乘积极限法（Kaplan-Meier 方法）进行计算（郭熙保，朱兰，2017）。人口迁移生存函数的 Kaplan-Meier 估计量是

$$S(t) = \Pr(T > t) = \prod_{k=1}^{t} \frac{n_k - dk}{n_k} \qquad (5\text{-}2)$$

式中，n_k 表示在出生地停留时间至少 k 年的个体数量。dk 表示 $k + dk$ 时期发生迁移的个体数量。

人口迁移风险函数 $h(t)$ 是个体在 k 到 $k + dk$ 时经历迁移的风险率（概率）。在本章中，个体的风险函数 $h(t)$ 表示个体在 k 到 $k + dk$ 时由停留到迁移的瞬时条件概率，定义为

$$h(t) = \lim_{dk \to 0} \frac{\Pr(k < T \leq k + dk \,|\, T > k)}{dk} \qquad (5\text{-}3)$$

式中，$\Pr(k < T \leq k + dk \,|\, T > k)$ 表示事件在时间间隔 $(k, k + dk)$ 内发生的概率。$\lim_{dk \to 0}$ 表示在时间间隔极短的时间内。

因此，风险函数表示一个事件（比如，迁移）在一个非常小的时间间隔内发生的概率（假定该事件还没有发生）。因此，风险函数也称瞬时风险或风险率。

人口迁移风险函数的 Kaplan-Meier 估计量是

$$h(t) = \frac{dk}{n_k} \qquad (5\text{-}4)$$

为了考察生命历程中升学、就业和结婚事件对个体迁移行为的影响，本章采用离散时间生存分析方法对其进行参数估计。离散时间 Cox 比例风险模型可以控制不可观测的个体异质性，并且不需要进行风险比例假设检验。此外，本章所使用样本的迁移行为是以年度作为观测单元，具有典型的离散特征。综上，使用离散时间 Cox 比例风险模型对个体迁移行为的因

素影响进行分析，比连续时间 Cox 半参数模型和 Cox 比例风险模型更合理。

当我们定义协变量 $X = (x_1，\cdots，x_p)$，即影响个体迁移行为的一系列因素，比如，是否升学、是否就业、是否结婚、性别和年龄等；$h(t|X)$ 表示时间 t 时影响因素 X 的风险函数，也称之为 Cox 比例风险模型。具体形式如下：

$$h(t|X) = h_0(t)\ c(\beta'X) \tag{5-5}$$

式中，$h_0(t)$ 为基准风险函数。$\beta = (\beta_1，\cdots，\beta_p)'$ 是协变量的估计系数向量。$c(\beta'X)$ 是协变量的参数模型。

通常 $c(\beta'X)$ 采用指数形式，即 $c(\beta'X) = \exp(\beta'X)$。由此可得：

$$h(t|X) = h_0(t)\ \exp(\beta'X) \tag{5-6}$$

当对等式两边取自然对数，得到：

$$\log h(t|X) = \log h_0(t) + \beta'X \tag{5-7}$$

式中，将 e^β 解释为风险比例，当风险比例大于 1 时，表示该影响因素有利于促进个体发生迁移行为；反之，小于 1 则说明该因素降低了个体发生迁移行为的概率。

对离散时间 Cox 风险比例模型的风险函数分布进行不同设定时，可以得到不同的参数估计模型。具体地，当风险函数为极值分布、Logistic 分布和正态分布时，则可以分别得到 Cloglog 模型、Logit 模型和 Probit 模型。

Cloglog 模型：

$$\log[-\log(1-h_{it})] = \gamma_i + \beta'X_{it} + \varepsilon_{it} \tag{5-8}$$

Logit 模型：

$$\log\left[\frac{h_{it}}{1-h_{it}}\right] = \alpha_i + \beta'X_{it} + \xi_{it} \tag{5-9}$$

Probit 模型：

$$h_{it} = \Phi(\lambda_i + \beta'X_{it} + \zeta_{it}) \tag{5-10}$$

式中，γ_i、α_i 和 λ_i 表示不随时间变化的个体特征。ε_{it}、ξ_{it} 和 ζ_{it} 为残差项。

$\Phi(\cdot)$ 是标准正态分布的累积分布函数。

同时，在稳健性分析中，本章还使用简约模型对生命历程中的人口迁移概率（风险率）进行估计。具体地，当风险函数与解释变量为线性关系时，可以使用线性概率模型（LPM）来估计生命历程中升学、就业和婚姻与人口迁移的关系。具体公式为

$$h_{it} = \varphi_i + \beta' X_{it} + \mu_{it} \qquad (5-11)$$

总而言之，本章首先使用简单线性概率模型（LPM）和 Cloglog 模型对生命历程中升学、就业和婚姻与人口迁移的关系进行分析；然后使用面板固定效应模型、Logit 模型和 Probit 模型进行稳健性分析。

二、数据、变量和描述性统计

（一）数据来源

本章依旧使用 2014 年中国健康与养老追踪调查—生命历程调查数据，该调查数据是针对 2011 年和 2013 年实施的中国健康与养老追踪调查中所有被访者进行的中国居民生命历程专项调查。该专项调查主要针对的是全国 28 个省（区、市）12 386 个家庭中年龄在 45 岁及以上人群。主要调查了被调查住户人群的迁移史、就业史和教育史等信息。这为本章从生命历程视角研究我国人口问题提供了一组高质量的微观调查数据。其中，以人口迁移史为核心的生命历程数据，为研究生命历程中我国人口迁移特征、影响因素及其长期影响提供了夯实的数据基础。

为了满足生存函数初始年份数值零的假设，本章将出生当年发生迁移的样本进行删除。同时，删除性别、年龄、文化程度、户口类型、迁移时间等关键信息缺失或数值异常的样本。由于中国健康与养老追踪调查是针对 45 岁及以上的群体。为了减小样本的异质性，并考虑与已有研究在年龄上具有一致性，从而可以进行对比分析，因此，本章将样本的出生年龄限制在 1930—1969 年。最终，得到 17 789 个有效样本；其中，5 819 个样本至少有一次迁移经历。需要注意的是，该调查是从个体出生时就开始记录其迁移历史，因此，不存在数据左删失问题；但是，该调查对个体的迁移行为只记录到 2014 年，此后的迁移行为未被记录，存在数据右删失问题。针对数据右删失问题，生存分析方法可以有效处理。因此，在基准分析中，本章将同时采用生存分析法中的 Cloglog 模型和线性概率模型，对生命历程中升学、就业和婚姻事件与人口迁移的关系进行分析。

（二）变量选取

本章的被解释变量为是否迁移，即个体从出生到 2014 年每一年是否发生迁移。若发生迁移赋值 1，否则赋值 0。本章的迁移是指个体跨县（区、市）迁移且连续居住时间在 6 个月及以上。此外，在稳健性分析中我们将人口迁移的定义调整为个体跨地级市迁移且连续居住时间在 6 个月及以上。

本章的主要解释变量是个体生命历程中的重要事件，主要包括：①升学——从出生到2014年每一年是否发生了上大学（包括大中专及以上教育经历）的事件。若发生升学赋值1，否则赋值0。②就业——从出生到2014年每一年是否获得新的工作。若获得新的工作赋值1，否则赋值0。③婚姻——从出生到2014年每一年是否结婚。若发生结婚赋值1，否则赋值0。综上，基于迁移、升学、就业、婚姻等事件是否发生以及发生的时间点，本章构建出17 789个个体从出生到2014年的"人-年"数据组，最终获得824 973条"人-年"追踪调查数据。

参考生命历程相关研究，其他控制变量主要包括：性别、年龄、文化程度、户口类型、父亲文化程度、母亲文化程度、兄弟姐妹数量、童年时期家庭经济水平、童年时期居住社区质量、童年时期健康状况、童年时期医疗保健状况。变量的具体定义、赋值和描述性统计见表5-1。

（三）描述性统计

表5-1展示了变量定义、赋值和未迁移与迁移群体的描述性统计分析结果。总体上，被访者中迁移样本占总样本的32.7%。个体特征方面，迁移群体以男性和农业户口为主，受教育程度以初中及以下为主，平均年龄约为58岁。家庭特征方面，父母受教育程度较低，90%的父母受教育程度在小学及以下；兄弟姐妹数量较多，平均在4个左右；子女数量在2个左右。儿童时期的情况，被访者儿童时期家庭条件整体上较差，居住地卫生环境一般，与同龄人相比健康水平无明显差异，基本医疗保健水平较高。迁移和生命历程中重要事件的情况方面，随着迁移次数的增加，迁移群体的年均迁移率从2.14%增加到6.43%；迁移群体的升学率和职业转换率都呈现不断增长趋势。迁移群体与未迁移群体相比，男性占比更大、文化程度更高、儿童时期的健康水平和家庭经济水平更好，年龄和兄弟姐妹数量相近、子女数量则较少，升学率、职业转换率和结婚率更高。

表5-1　变量定义和描述性统计

变量	定义/赋值/单位	未迁移者	首次迁移者	第2次迁移者	第3次迁移者
性别	女性/%	52.49	49.89	40.82	26.54
	男性/%	47.51	50.11	59.18	73.46

表5-1（续）

变量	定义/赋值/单位	未迁移者	首次迁移者	第2次迁移者	第3次迁移者
户口类型	农业户口/%	84.13	67.85	49.36	59.95
	非农户口/%	15.87	32.15	50.64	40.05
文化程度	小学以下/%	22.19	13.90	8.83	6.03
	小学/%	40.96	35.93	30.65	32.45
	初中/%	25.41	29.80	30.37	32.33
	高中/%	7.59	10.02	10.45	10.01
	大中专及以上/%	3.85	10.35	20.70	20.18
父亲文化程度	小学以下/%	57.70	49.13	44.59	42.34
	小学/%	33.76	38.51	40.55	43.50
	初中/%	5.36	6.32	6.57	6.18
	高中/%	1.53	2.63	3.29	3.47
	大中专及以上/%	1.65	3.41	5.10	4.51
母亲文化程度	小学以下/%	87.11	81.09	77.84	79.32
	小学/%	10.98	14.89	17.30	16.27
	初中/%	1.39	2.20	1.77	1.90
	高中/%	0.34	0.91	1.40	0.88
	大中专及以上/%	0.18	0.91	1.70	1.63
年龄	岁	58.26	57.81	59.39	58.14
兄弟姐妹数量	家庭中兄弟姐妹数量/个	3.81	3.87	3.75	3.94
子女数量	家庭中子女数量/个	2.39	2.08	1.88	1.80
童年家庭经济水平	17岁以前，与家庭所在社区/村普通家庭相比，自评家庭经济状况（比他们差很多=1，比他们好很多=5）	2.45	2.56	2.64	2.62
童年居住社区质量	17岁以前，家庭居住的地方公共卫生情况（完全不干净不整洁=1，非常干净整洁=4）	2.68	2.69	2.72	2.64

表5-1(续)

变量	定义/赋值/单位	未迁移者	首次迁移者	第2次迁移者	第3次迁移者
童年健康状况	15岁之前与大多数同龄孩子相比,自评健康状况(差很多=1,好很多=5)	3.33	3.38	3.42	3.38
童年医疗保健状况	15岁之前,是否接种过任何疫苗(是=1,否=0)	0.85	0.89	0.91	0.92
是否迁移	年平均迁移率/%	0	2.14	4.23	6.43
是否升学	年平均升学发生率/%	0.18	0.35	0.80	0.85
是否就业	年平均职业转换率/%	4.61	5.51	6.33	7.82
是否结婚	年平均结婚发生率/%	2.07	2.16	2.18	2.14
样本量		11 970	5 819	1 416	829

注:表中展示的是变量的均值或百分比。

第三节　生命历程中人口迁移的基本特征

一、人口迁移时空特征

(一)人口迁移的年龄特征

基于公式(5-4)可以计算得到生命历程中不同性别和出生队列第1~3次人口迁移概率的分布特征。总体上,生命历程中我国人口迁移概率的分布呈现倒"U"形特征。首次迁移时,人口迁移概率从10岁左右开始显著提高,20~30岁到达高峰,30岁之后人口迁移概率显著降低;在第2、3次迁移时,人口迁移的高峰期在25~40岁之间。性别方面,首次迁移时20~30岁之间女性的迁移概率显著高于男性,而35岁以后男性的迁移概率显著高于女性。可能的原因是,20~30岁是女性结婚的高峰期,婚姻导致迁移的概率显著提升。在第2次和第3次迁移时,男性迁移概率都显著高于女性。

出生队列方面,首次迁移时20世纪40年代和50年代出生队列的迁移概率分布特征较为相近,但显著低于20世纪30年代和60年代出生队列的迁移概率。20世纪40年代和50年代出生队列的迁移高峰期在20岁左右;

20 世纪 60 年代出生队列迁移的高峰期在 20~30 岁之间，并且 20 岁之后其迁移概率显著高于其他年代的出生队列。在第 2、3 次迁移时，20 世纪 30 年代、40 年代和 50 年代出生队列的迁移高峰期基本一致，集中在 20~35 岁之间；20 世纪 60 年代出生队列的迁移高峰期则晚于其他年代出生队列，且 30~50 岁期间还保持在较高的水平。原因可能是 20 世纪 80~90 年代我国人口迁移约束逐渐放松，经济快速发展导致大量西部地区人口往东部地区迁移。综上可知，男性、20 世纪 30 年代和 20 世纪 60 年代出生队列是我国迁移人口的主力军，在整个生命历程中，我国的人口迁移高峰期在 20~40 岁之间（唐家龙，马忠东，2007）。值得注意的是，20 世纪 40 和 50 年代出生队列生命历程中人口迁移呈现出：从 10 岁左右开始逐渐增长，在 20~30 岁到达高峰，之后逐渐降低，到 50~60 岁形成一个迁移小高峰的特征。由此可知，除了没有发现生命历程中我国人口迁移在儿童时期经历由高到低的分布特征，其他生命历程阶段我国人口迁移概率的分布特征与"罗杰斯曲线"是一致的（Rogers，1978）。比较而言，20 世纪 40 年代和 50 年代出生群体的迁移概率分布更符合"罗杰斯曲线"。人口迁移生存率和人口迁移概率是相互对应的关系，生存率越高，对应的人口迁移概率则越低。本章对生命历程中我国人口迁移的生存率分布特征进行了刻画，结果显示以上分析结论依旧成立。

接着，我们探讨了生命历程中不同户口类型和文化程度的个体第 1~3 次迁移概率的分布情况。户口类型方面，整个生命历程中我国农业户口的人口迁移概率在第 1~3 次迁移中都显著高于非农户口。文化程度方面，在第 1~2 次迁移时，大中专及以上文化程度的群体其人口迁移概率在 40 岁之前都显著高于大中专以下文化程度的群体；在 40 岁之后，大中专及以上群体的人口迁移概率显著下降且逐渐低于初中和高中文化程度的群体；同时，初中和高中文化程度的群体在整个生命历程中，第 1、2 次迁移的概率分布比较一致；而小学及以下文化程度的群体在整个生命历程中人口迁移概率都处于较低水平；在第 3 次迁移时，大中专及以上文化程度的群体其人口迁移概率依旧保持较高水平，其他文化程度的群体其人口迁移概率分布趋于一致，并且处于较低水平。

综上可知，农业户口和高文化程度的群体是我国人口迁移的主力军；初中和高中文化程度的群体其生命历程中的人口迁移率的分布具有相似的特征。这与蔡昉（2001）的发现基本一致。文化程度较高的群体往往掌握更多的信息，在其他条件相同时，这些农业户口中的高文化群体更易率先发生迁移。从迁移的拉力来看，与农业户口中文化程度较低的群体相比，农业户口中高文化程度的群体只需要很小的外部拉力就会发生迁移行为。

（二）人口迁移的空间特征

整个生命历程中，我国人口不断向省会城市、超大和特大城市以及东部地区的城市群迁移（见表5-2）。随着生命历程中迁移次数的增加，省会城市逐渐成为主要的人口迁入地，迁入人口占比由第1次迁移时30.31%提高到第3次迁移时43.43%。城市层级方面，一线和二线城市成为生命历程中人口的主要迁入城市，第1~3次迁移迁入人口占比从35.43%提高到48.62%；而三、四线城市的迁入人口占比呈现不断下降趋势。区域分布方面，东部地区成为主要的人口迁入地，第1~3次迁移时迁入人口占比从36.03%提高到46.56%；中部、西部和东北地区迁入人口占比均显著下降。城市群方面，从第1~3次迁移时京津冀、长三角和粤港澳（珠三角）三大城市群的迁入人口占比由25.3%提高到34.62%。其中，粤港澳（珠三角）城市群的迁入人口占比增长最快，从6.74%增长到10.49%。

表5-2　人口迁移空间特征

类别		第1次迁移	第2次迁移	第3次迁移
行政级别	非省会城市/%	69.69	62.71	56.57
	省会城市/%	30.31	37.29	43.43
城市层级	一线城市/%	10.10	11.58	18.34
	二线城市/%	25.33	30.93	30.28
	三线城市/%	14.59	12.79	12.55
	四线城市/%	49.98	44.70	38.83
地理区域	东部地区/%	36.03	36.79	46.56
	中部地区/%	20.46	19.21	18.82
	西部地区/%	32.51	32.70	25.57
	东北地区/%	11.00	11.30	9.05

表5-2(续)

类别		第1次迁移	第2次迁移	第3次迁移
城市群	京津冀城市群/%	9.04	9.32	11.22
	长三角城市群/%	9.52	11.30	12.91
	粤港澳(珠三角)城市群/%	6.74	6.50	10.49
	其他城市群/%	74.70	72.88	65.38
	样本量/人	5 819	1 416	829

注：东部、中部、西部和东北地区的划分主要依据1986年颁布的《中华人民共和国国民经济和社会发展第七个五年计划》、2000年颁布的《国务院关于实施西部大开发若干政策措施的通知》和国家统计局公布的《2014年国民经济和社会发展统计公报》。东部地区包括：北京、天津、河北、上海、江苏、浙江、福建、山东、广东和海南10个省份；中部地区包括：山西、安徽、江西、河南、湖北和湖南6个省份；西部地区包括：四川、重庆、陕西、甘肃、青海、云南、贵州、广西、内蒙古、宁夏、新疆和西藏12个省份；东北地区包括：黑龙江、吉林和辽宁3个省份。一、二、三、四线城市的划分参考《国务院关于调整城市规模划分标准的通知》，以城区常住人口数进行划分。其中，北京、上海、广州、深圳4个城市为一线城市；天津和无锡等34个城市为二线城市；温州和佛山等51个城市为三线城市；其余地级市为四线城市。城市群的划分依据的是《国民经济第十三个五年计划》主要有京津冀、长三角、粤港澳（珠三角）、成渝地区等16个城市群，拉萨和喀什2个城市圈。京津冀城市群：北京、天津等；长三角城市群：上海、南京等；粤港澳（珠三角）城市群：广州、香港等；其他城市群包含除以上三个城市群之外的所有城市群。

为了进一步厘清生命历程中我国人口迁移的路径和方向。本章通过Arcgis10.2制作人口迁移路径图，展示第1~3次人口迁移的路径和方向。总体上，第1次迁移时，我国人口迁移的方向主要是从内陆迁往沿海，且迁移数量较大；具体地，我国人口的迁移方向主要是广东、浙江、江苏等沿海地区和新疆；其中，人口迁入最多的地区为广东。第2次迁移时，一个突出的特征是人口迁移的方向开始多元化，既有沿海迁入内地，又有沿海城市相互之间的迁移。具体地，广东沿海地区的人口迁往内陆的湖南、湖北和四川等省份；同时，广东沿海地区的人口也在迁往上海和浙江等地区；第3次迁移时，人口迁移的方向同样呈现多元化特征。综上可知，在生命历程中我国人口首先由西部迁往东部，之后人口迁移呈现出多元化特征，既有东部迁往西部，又有东部地区内部相互迁移。

二、人口迁移动态特征

生命历程中我国人口迁移的路径呈现出显著的"外迁—回流""外迁

—再外迁"等动态特征（见表5-3）。首先，动态迁移的样本占迁移样本的27.13%，平均每人的迁移次数为1.85次；其次，从第2次和第3次的迁移地来看，持续性外迁人数的比例较高，而返回出生地所在县（市、区）的人数在减少。性别方面，男性持续外迁的比例显著大于女性。文化程度方面，初中和小学文化程度的群体是迁移的主力军。户口类型方面，农业户口的群体在第1次迁移时的占比较高，第2、3次迁移时，非农业户口的占比显著提高。出生队列方面，20世纪50年代和20世纪60年代出生队列是动态迁移的主要组成部分。从第1次迁移到第3次迁移，20世纪60年代出生队列的动态迁移比例不断提高，20世纪50年代出生队列的比例保持在30%左右。由此可见，在整个生命历程中我国人口迁移具有显著的动态特征。其中，持续性外迁的比例较高，返乡迁移的比例逐渐下降。男性、小学、初中文化程度、农业户口、20世纪50年代和60年代出生队列是我国人口动态迁移的主要群体。

表5-3　人口迁移动态特征

类型	首次迁移	第2次迁移		第3次迁移		
	外迁	回乡	外迁	回乡	外迁	迁移到第1个迁入地
	（1）	（2）	（3）	（4）	（5）	（6）
比例/%	100	26.13	73.87	20.14	69.60	10.26
人数/人	5 819	370	1 046	167	577	85
总人数/人	5 819	1 416	829			
女性/%	49.89	52.70	36.62	31.74	23.05	40.00
男性/%	50.11	47.30	63.38	68.26	76.95	60.00
小学及以下/%	49.83	40.27	39.20	35.33	40.03	34.12
初中/%	29.80	27.84	31.26	23.35	33.45	42.35
高中/%	10.02	11.62	10.04	13.18	9.71	5.88
大中专及以上/%	10.35	20.27	19.50	28.14	16.81	17.65
农业户口/%	67.85	43.24	51.53	48.50	64.47	51.76
非农户口/%	32.15	56.76	48.47	51.50	35.53	48.24

表5-3(续)

类型	首次迁移	第2次迁移		第3次迁移		
	外迁	回乡	外迁	回乡	外迁	迁移到第1个迁入地
	(1)	(2)	(3)	(4)	(5)	(6)
20世纪30年代出生队列/%	7.36	11.55	10.25	7.69	8.55	9.20
20世纪40年代出生队列/%	19.64	25.81	22.32	24.26	20.94	20.69
20世纪50年代出生队列/%	30.43	30.65	29.02	30.77	25.83	26.43
20世纪60年代出生队列/%	42.57	31.99	38.41	37.28	44.68	43.68

注：外迁在第1次迁移中是指由出生地所在县（市、区），第1次从一个县（市、区）迁移到另一个县（市、区），并连续居住6个月以上；外迁在第2次迁移中是指迁移到除第1次迁入地和出生地所在县（市、区）以外的县（市、区）；外迁在第3次迁移中是指迁移到除第1次和第2次迁入地以及出生地所在县（市、区）以外的县（市、区）；回乡是指回迁到出生地所在县（市、区）。

三、人口迁移原因、距离和居留时间特征

就业、婚姻和家属随迁是生命历程中我国人口动态迁移的主要原因。表5-4显示，总体上，随着个体生命历程中迁移次数的增加，因就业而迁移的比重不断提高；因婚姻而迁移的比例有显著下降趋势；以家属随迁方式进行迁移的比例也呈现逐渐下降趋势；因上学/毕业、照顾家人、参军而迁移的比例保持在相对稳定的状态。

性别方面，生命历程中女性因婚姻、照顾家人、家属随迁而迁移的比例都显著高于男性；男性因上学/毕业、就业、参军而迁移的比例则显著高于女性。户口类型方面，生命历程中非农户口的群体因上学/毕业、就业、家属随迁、参军而迁移的比例显著高于农业户口的群体；农业户口的群体因照顾家人和婚姻而迁移的比例则显著高于非农户口的群体。文化程度方面，文化程度越高的群体因上学/毕业、家属随迁而迁移的比例越大。出生队列方面，20世纪50年代和60年代出生队列因就业而迁移的比例较大，而20世纪30年代和40年代出生队列因升学/毕业而迁移的比例更大。

综上可知，在生命历程中男性、农业户口、文化程度较低和 20 世纪 60 年代出生的群体因就业而迁移的比重更大；女性因婚姻、家属随迁和照顾家人而迁移的比重较大；非农户口和文化程度越高的群体因上学/毕业而迁移的比例更大。

表 5-4　人口动态迁移原因

类型	迁移次数	异地工作/%	婚姻/%	家属随迁/%	上学/毕业/%	照顾家人/%	参军/%	其他/%
整体	第 1 次	36.54	22.74	11.65	3.99	3.08	8.51	13.49
	第 2 次	38.91	5.65	10.66	4.87	3.18	9.18	27.55
	第 3 次	60.55	3.02	4.95	3.02	3.86	5.67	18.93
男性	第 1 次	49.9	2.02	9.74	5.01	1.47	16.91	14.95
	第 2 次	41.77	1.67	5.73	6.56	0.95	15.51	27.81
	第 3 次	63.55	1.48	2.3	2.79	2.96	7.55	19.37
女性	第 1 次	23.11	43.54	13.57	2.96	4.68	0.07	12.07
	第 2 次	34.78	11.42	17.82	2.42	6.4	0	27.16
	第 3 次	52.27	7.27	12.27	3.64	6.36	0.45	17.74
非农户口	第 1 次	26.56	11.70	21.59	10.48	2.30	13.09	14.28
	第 2 次	29.29	4.74	15.34	8.79	2.09	12.27	27.48
	第 3 次	42.17	2.41	9.64	6.93	2.71	10.54	25.6
农业户口	第 1 次	41.26	27.96	6.94	0.91	3.44	6.33	13.16
	第 2 次	48.78	6.58	5.87	0.86	4.29	6.01	27.61
	第 3 次	72.84	3.42	1.81	0.40	4.63	2.41	14.49
小学及以下	第 1 次	39.08	26.19	9.01	0.52	3.78	8.82	13.12
	第 2 次	22.52	2.94	4.37	0.34	5.38	12.52	52.27
	第 3 次	51.28	2.78	2.99	0.43	6.20	7.05	29.7
初中	第 1 次	44.48	17.40	11.85	1.20	2.12	8.70	15.45
	第 2 次	26.01	4.41	4.98	1.03	3.38	11.55	49.67
	第 3 次	50.34	4.35	4.12	0.92	3.66	6.64	30.89

表5-4(续)

类型	迁移次数	异地工作/%	婚姻/%	家属随迁/%	上学/毕业/%	照顾家人/%	参军/%	其他/%
高中	第1次	39.35	12.61	18.06	3.07	2.56	9.88	17.54
	第2次	23.16	4.52	6.78	1.69	3.95	12.43	49.16
	第3次	50.41	1.65	4.13	0.83	4.13	5.79	33.89
大中专及以上	第1次	24.03	6.44	18.88	23.18	1.50	12.88	36.27
	第2次	23.98	2.34	10.82	19.59	1.46	10.53	50.87
	第3次	34.55	1.82	9.09	8.48	1.82	16.97	35.75
20世纪30年代出生队列	第1次	28.14	22.33	11.63	6.51	3.02	8.84	26.04
	第2次	30.31	3.54	9.84	6.30	1.97	11.42	42.92
	第3次	35.78	0.92	7.34	10.09	7.34	8.26	40.36
20世纪40年代出生队列	第1次	24.16	21.90	13.42	5.19	5.02	13.25	22.25
	第2次	17.37	2.25	8.83	3.89	3.89	17.22	50.44
	第3次	33.33	2.78	5.21	3.13	4.51	18.75	35.42
20世纪50年代出生队列	第1次	29.80	22.07	14.17	1.46	3.92	11.15	18.89
	第2次	18.47	2.88	7.45	1.59	4.07	14.90	52.23
	第3次	41.58	4.35	6.25	0.82	5.98	8.42	33.42
20世纪60年代出生队列	第1次	49.06	23.61	8.78	4.71	1.52	4.23	12.8
	第2次	28.53	5.17	2.69	5.72	5.38	6.20	52.03
	第3次	60.34	2.22	2.39	2.56	4.44	2.56	28.05

注:其他原因的迁移主要包括逃荒/逃难、整村拆迁、知青下乡、知青返城和购房等。

生命历程中我国人口动态迁移的平均居留时间不断下降,迁移距离显著提高。表5-5显示,女性、高文化程度、非农户口和20世纪50年代及之前的出生群体居留时间更长;男性、非农户口和20世纪50年代之后的出生群体迁移距离更远。具体地,迁移距离由第1次迁移时的522.73公里增加到第3次迁移时的691.51公里。居留时间由第1次迁移时的9.31年下降为第3次迁移时的4.84年。生命历程中女性的居留时间显著长于男性,分别为8.73年和6.09年;但迁移距离显著近于男性,分别为550.13公里和666.32公里;非农户口的居留时间高于农业户口。整体上,高文化程度的群体居留时间更长，迁移距离更远；高中及以上文化程度的居留时间约为 7.34 年，迁移距离约为 654 公里。

表 5-5　人口动态迁移距离和居留时间

类型	分类	第 1 次迁移	第 2 次	第 3 次	3 次平均值
全样本	迁移距离/公里	522.73	622.87	691.51	612.37
男性	迁移距离/公里	625.63	682.01	691.3	666.31
女性	迁移距离/公里	419.97	538.4	692.03	550.13
小学及以下	迁移距离/公里	499.52	626.55	655.32	593.8
初中	迁移距离/公里	574.07	616.93	669	620
高中	迁移距离/公里	530.76	683.28	1 006.4	740.15
大中专及以上	迁移距离/公里	478.95	592.87	633.2	568.34
农业户口	迁移距离/公里	511.69	633.39	612.26	585.78
非农户口	迁移距离/公里	528.11	611.68	792.33	644.04
20 世纪 30 年代出生队列	迁移距离/公里	418.74	468.68	396.86	428.09
20 世纪 40 年代出生队列	迁移距离/公里	476.93	605.01	588.03	556.66
20 世纪 50 年代出生队列	迁移距离/公里	541.43	679.9	789.27	670.2
20 世纪 60 年代出生队列	迁移距离/公里	560.38	645.85	816.56	674.26
全样本	居留时间/年	9.31	6.93	4.84	7.02
男性	居留时间/年	7.36	6.15	4.76	6.09
女性	居留时间/年	12.14	8.95	5.1	8.73
小学及以下	居留时间/年	10.33	7.98	4.6	7.63
初中	居留时间/年	8.57	5.58	4.09	6.08
高中	居留时间/年	9.8	7.84	4.58	7.4
大中专及以上	居留时间/年	8.14	6.88	6.83	7.28
农业户口	居留时间/年	8.95	5.92	3.65	6.17
非农户口	居留时间/年	9.65	7.79	6.95	8.13

表5-5(续)

类型	分类	第1次迁移	第2次	第3次	3次平均值
20世纪30年代出生队列	居留时间/年	9.13	7.87	8.75	8.58
20世纪40年代出生队列	居留时间/年	9.59	7.92	6.05	7.85
20世纪50年代出生队列	居留时间/年	11.04	8.02	5.49	8.18
20世纪60年代出生队列	居留时间/年	7.8	4.99	3.13	5.31

注：迁移距离是指迁移的两个城市间最短公路距离。

四、人口迁移公共服务、人力资本和收入特征

生命历程中有过迁移经历的群体所居城市拥有更好的教育、医疗和文化公共服务（见表5-6）。参照夏怡然和陆铭（2015）以及戴蒙德（Diamond，2016）的做法，本章使用主成分分析法分别取教育、医疗和文化公共服务第一主成分得分值来度量城市的教育、医疗和文化公共服务水平。教育方面，未迁移群体所居城市的教育公共服务都低于迁移群体，且迁移次数越多的群体所在城市的教育公共服务水平越高。其中，迁移群体教育公共服务得分值分别为4.11、4.36和4.57；未迁移群体的教育公共服务得分值约为3.75。医疗方面，未迁移群体所居城市的医疗公共服务得分值低于迁移群体所居城市，分别约为2.92和3.43，并且，迁移次数越多的群体所在城市的医疗公共服务水平越高。文化方面，未迁移群体所居城市文化公共服务得分值低于迁移群体所居城市。迁移群体所居城市的文化公共服务得分值分别为3.9、4.23和4.5；未迁移群体所居城市文化公共服务得分值分别为3.09。

生命历程中有过迁移经历的群体具有更高的人力资本水平（见表5-6）。具体地，未迁移群体的平均受教育年限约为6.2年，有1次、2次和3次迁移经历的群体平均受教育年限分别约为7.6年、8.3年和8.7年。未迁移群体普遍表示健康状况不好，自评健康水平的平均得分仅为2.12；而迁移群体的自评健康水平显著高于未迁移群体，自评健康水平的平均得分约为3。

生命历程中有过迁移经历的群体比未迁移群体拥有更高的收入，且迁移次数越多的群体其收入水平越高（见表5-6）。从工作经历来看，从第1

次就业到第3次就业，迁移群体的收入水平都显著高于未迁移群体。并且，迁移次数更多的群体比未迁移群体的收入更高，这种迁移群体和未迁移群体的收入差距在第1次就业、第2次就业和第3次就业的群体中都普遍存在。从不同历史时期来看，与2000年相比，2014年未迁移群体与迁移群体的收入差值进一步提高。综合来看，迁移群体在终生平均月收入上依旧显著高于未迁移群体。由此可见，无论是短期还是长期，本章都发现生命历程中有过迁移经历的群体拥有更高的收入，并且迁移经历更多的群体比未迁移群体的收入水平更高。

表5-6 人口迁移公共服务、人力资本和收入的动态变化

类型	未迁移群体	1次迁移群体	2次迁移群体	3次迁移群体
教育公共服务得分值	3.75	4.11	4.36	4.57
医疗公共服务得分值	2.92	3.43	3.65	3.69
文化公共服务得分值	3.09	3.90	4.23	4.50
受教育年限/年	6.24	7.63	8.28	8.65
2013年自评健康/得分	2.12	3.02	3.04	3.01
首次就业月收入/元	206.09	259.77	268.65	307.84
第2次就业月收入/元	264.43	350.36	358.88	365.59
第3次就业月收入/元	656.01	695.88	700.83	729.08
2000年就业月收入/元	339.78	395.97	459.11	549.68
2014年就业月收入/元	301.2	487.22	535.18	596.17
终生平均月收入/元	222.21	286.95	296.91	316.04

注：公共服务得分值的数据来自2014年《城市统计年鉴》。教育公共服务包含全市高等学校数、中学学校数、小学学校数、高等学校教师数、中学教师数和小学教师数；医疗公共服务包含全市人均医生数、人均医院数和人均床位数；文化公共服务包含全市剧场/影院数、图书馆图书总藏量。参照夏怡然和陆铭（2015）以及戴蒙德（Diamond，2016）的做法，本章使用主成分分析法计算每个城市的教育、医疗和文化公共服务得分值。由于主成分得分值可能为负数，所以对所有城市的教育和医疗服务得分值都加上3。这样处理并不会改变城市教育、医疗和文化公共服务的相对差异。2013年自评健康来自被访者2013年对自身健康状况的回答，具体为很不好、不好、一般、好、很好，分别赋值1~5。月收入是指从事农业受雇、非农受雇等工作平均月收入，并经过CPI调整为2014年物价水平。其中，删除月收入为0的样本，并对最低和最高1%的月收入进行了缩尾处理。

第四节　生命历程中人口迁移的影响因素分析

一、生命历程中重大事件与人口迁移的关系

基于生命历程研究范式对人口迁移的研究，首先，强调对生命历程中人口迁移轨迹进行总结和解释。其次，强调对生命历程中重要事件与人口迁移行为的关联进行探讨（Mortimer & Shanahan，2003）。基于生命历程视角的研究，常常依据个体生命历程中按时间依次发生的重要事件（如升学、就业、结婚等）对生命历程的发展阶段进行划分（李强，邓建伟，晓筝，1999；郑作彧，胡珊，2018）。

通过对生命历程中我国人口迁移原因进行总结（具体见表5-4），可以发现，升学、就业和婚姻是我国人口迁移的主要原因，第1次迁移时36.54%是因异地工作迁移、22.74%是因婚姻而迁移、3.99%是因升学而迁移。换言之，生命历程中我国人口迁移的主要驱动因素是升学、工作和婚姻。由此可见，生命历程中的升学、工作和婚姻和上学事件可能有效地触发了我国人口迁移行为。

大中专入学年份、首次就业年份和首次结婚年份与人口首次迁移年份的分布具有共同的特征，其相关系数分别为0.615、0.546和0.575，且在1%统计水平下显著。其中，大中专入学年份与首次人口迁移年份分布在1960年以前和1978—1990年期间具有显著的共同趋势；而首次就业年份和首次结婚年份的分布在整个生命历程中与首次迁移的分布基本上都具有显著的共同特征。因此，这再次说明生命历程中的升学、就业和婚姻事件与我国人口迁移具有较强的相关关系。鉴于此，本章将进一步探讨升学、就业和结婚与生命历程中人口迁移的关系。

二、实证分析

表5-7展示了使用线性概率模型（LPM）和Cloglog模型估计的升学、就业和婚姻事件对我国人口迁移的影响结果。第（1）和（4）列展示了在未加入控制变量的条件下，使用LPM模型和Cloglog模型探讨升学、就业和婚姻事件对人口迁移的影响结果。可以发现，升学、就业和婚姻的估计系数为正，且在1%统计水平上显著。这说明，生命历程中个体经历升学、

就业和婚姻事件时将显著提高其迁移概率。第（2）和（5）列中，加入了个体和家庭特征等控制变量。第（3）和（6）列中，加入了个体儿童时期的家庭经济水平、健康水平、社区环境和医疗水平特征变量，并控制了城市固定效应和出生队列效应，进而最大程度上缓解了遗漏变量带来的估计偏差。结果依旧显示，升学、就业和婚姻对生命历程中的人口迁移具有显著的正向影响。

值得注意的是，第（3）和（6）列控制了个体儿童时期的家庭经济和个体健康等信息，得到的结果显示，儿童时期的家庭经济水平、健康水平和医疗水平对生命历程中的人口迁移都有显著的正向作用。这是符合直觉的，出生在条件较好家庭的孩子其发生迁移的概率更高。家庭能为其迁移提供更多的资金支持。儿童时期健康水平和医疗水平越高的个体拥有更高的人力资本。而更高的人力资本对其迁移有显著的促进作用。此外，男性、农业户口的群体迁移概率更高。家庭中兄弟姐妹的数量对人口迁移同样有显著的正向影响。可能的原因是，家庭成员越多的个体越有可能拥有更大的社会网络，从而有利于促进其发生迁移。

表 5-7　基准分析

变量	LPM 模型			Cloglog 模型		
	（1）	（2）	（3）	（4）	（5）	（6）
升学	0.113***	0.105***	0.104***	1.786***	1.203***	1.267***
	（0.007）	（0.007）	（0.007）	（0.076）	（0.083）	（0.083）
就业	0.088***	0.088***	0.090***	2.678***	2.679***	2.738***
	（0.001）	（0.001）	（0.001）	（0.024）	（0.027）	（0.027）
结婚	0.066***	0.066***	0.067***	1.716***	1.655***	1.762***
	（0.002）	（0.002）	（0.002）	（0.034）	（0.035）	（0.037）
男性		0.002***	0.003***		0.246***	0.306***
		（0.000）	（0.000）		（0.022）	（0.023）
年龄		0.001***	0.000***		0.086***	0.067***
		（0.000）	（0.000）		（0.005）	（0.007）
年龄平方		-0.000***	-0.000***		-0.001***	-0.001***
		（0.000）	（0.000）		（0.000）	（0.000）
文化程度		-0.000	-0.000***		-0.007	-0.027***
		（0.000）	（0.000）		（0.005）	（0.005）

表5-7(续)

变量	LPM 模型			Cloglog 模型		
	(1)	(2)	(3)	(4)	(5)	(6)
农业户口		0.011***	0.011***		0.753***	0.715***
		(0.000)	(0.001)		(0.024)	(0.029)
子女数量		−0.001***	−0.000***		−0.144***	−0.083***
		(0.000)	(0.000)		(0.010)	(0.011)
兄弟姐妹数量		0.000***	0.000***		0.034***	0.047***
		(0.000)	(0.000)		(0.006)	(0.006)
耕地征用		−0.001	−0.003		−0.165	−0.364
		(0.003)	(0.003)		(0.276)	(0.280)
家庭经济水平			0.000**			0.035***
			(0.000)			(0.012)
社区居住环境			0.000			0.004
			(0.000)			(0.015)
健康水平			0.000*			0.021*
			(0.000)			(0.012)
医疗水平			0.002***			0.246***
			(0.000)			(0.039)
出生队列	不控制	不控制	控制	不控制	不控制	控制
年份效应	不控制	不控制	控制	不控制	不控制	控制
城市固定效应	不控制	不控制	控制	不控制	不控制	控制
样本量	824 973	824 973	824 973	824 973	824 973	824 973
−2 log-likelihood /R 平方	0.051	0.054	0.056	40 011.40	38 952.79	38 327.48

注：括号内为聚类城市层面的稳健标准误。*、** 和 *** 分别表示参数估计值在 10%、5% 和 1% 的统计水平上显著。Cloglog 模型报告的是迁移的风险比系数 e^{β}。当风险比大于 1 表示该因素能提高人口迁移概率；风险比小于 1 则表示该因素将降低人口迁移概率。

三、稳健性检验

首先，本章采用固定效应模型、Logit 和 Probit 模型进行稳健性分析，结果如表5-8第（1）和（3）列所示，可以发现，升学、就业和婚姻对生命历程中人口迁移依旧具有显著的正向影响。

其次，上面的分析表明生命历程中我国人口迁移的动态特征明显，因此导致了人口迁移存在多重生存期问题。在本章的分析中，表现为个体从出生到2014年有多次迁移的情形。针对这一问题，已有文献主要有两种处理方式：①剔除多重生存期的样本；②引入多重生存期虚拟变量（罗长远，司春晓，2020）。为了确保分析结果的稳健性，本章依次采用剔除多重生存期样本、引入多重生存期虚拟变量两种方法进行实证分析，结果如第（4）和（5）列所示。可以发现，升学、就业和婚姻对生命历程中我国人口迁移依旧具有显著的促进作用。这再次印证了本章基准分析中的结论。

此外，由于中国健康与养老追踪调查—生命历程调查数据采用的是按概率比例（PPS）抽样。为了使得抽样调查中每个样本所代表的总体是相同的，进而保证总体推断是可靠的，本章考虑了抽样的个体权重，通过调整个体抽样权重后，列（6）显示升学、就业和婚姻事件对人口迁移具有显著的正向影响。这再次证明了本章基准分析结果的稳健性。

表 5-8　稳健性分析

变量	固定效应模型（1）	Probit模型（2）	Logit模型（3）	剔除多重生存期（4）	引入虚拟变量（5）	调整抽样权重（6）
升学	0.088 ***	0.857 ***	1.690 ***	0.010 **	0.102 ***	0.103 ***
	（0.009）	（0.041）	（0.095）	（0.005）	（0.009）	（0.012）
就业	0.083 ***	1.263 ***	2.890 ***	0.019 ***	0.088 ***	0.097 ***
	（0.004）	（0.012）	（0.028）	（0.002）	（0.004）	（0.010）
结婚	0.065 ***	1.012 ***	2.087 ***	0.066 ***	0.067 ***	0.064 ***
	（0.005）	（0.017）	（0.040）	（0.005）	（0.005）	（0.005）
样本量	824 973	824 825	824 825	671 494	824 973	741 181
−2 log-likelihood/R 平方	0.068	36 977.85	37 202.05	0.036	0.074	0.064

注：括号内为聚类到城市层面的稳健标准误。*、** 和 *** 分别表示参数估计值在10%、5%和1%的统计水平上显著。不同列的回归结果均是在控制城市固定效应、年份效应、出生队列、年龄等控制变量后得到的。

最后，本章重新定义了人口迁移的概念，将人口迁移定义为个体跨地级市迁移且连续居住时间在6个月及以上。基于此，本章对生命历程中我国人口迁移的时间、空间特征，公共服务、人力资本和收入动态变化特征，以及生命历程中重大事件与迁移的关系进行了分析。结果显示，与基于跨县（市、区）迁移的定义所进行的分析结果是一致的。这也再次证明了本章描述性分析和基准分析结果的稳健性。

四、异质性分析

本章将进一步考察不同性别、出生时不同户口类型、不同文化程度和不同出生年代的群体，在其生命历程中升学、就业和婚姻事件对其迁移行为的影响，并探讨其差异性。

由表 5-9 可知，在性别上，升学和就业对男性迁移的正向影响更大；婚姻对女性迁移的正向影响显著大于男性。这与本章对人口迁移时间特征的分析是一致的，这再次证明了在我国女性因婚姻而迁移是一种普遍的人口迁移现象。在户口类型上，出生时为农业户口的群体，婚姻对其生命历程中迁移的正向影响大于出生时为非农户口的群体；而升学和就业对其生命历程中迁移的正向影响都小于出生时为非农户口的群体。在文化程度上，大中专及以上文化程度的群体，因升学而迁移的概率越大。反之，文化程度越高的群体，因婚姻而迁移的概率越小。在出生年代上，升学对 20世纪 30 年代、40 年代和 60 年代出生群体的迁移影响最大，对 20 世纪 50年代出生群体的影响最小。就业对 20 世纪 30 年代和 60 年代出生群体的迁移影响最大。婚姻对生命历程中个体迁移决策的正向影响在不同出生年代群体之间无显著差异。

表 5-9　异质性分析

变量	男性	女性	农业户口	非农户口	高中及以下
	（1）	（2）	（3）	（4）	（5）
升学	0.109***	0.092***	0.039***	0.082***	—
	（0.009）	（0.011）	（0.011）	（0.008）	—
就业	0.111***	0.063***	0.079***	0.107***	0.088***
	（0.002）	（0.002）	（0.002）	（0.004）	（0.004）
结婚	0.009***	0.122***	0.069***	0.044***	0.068***
	（0.002）	（0.004）	（0.002）	（0.004）	（0.005）
样本量	403 072	421 901	663 498	159 420	792 439
R 平方	0.066	0.068	0.053	0.056	0.055

表5-9（续）

变量	大中专及以上	20世纪30年代出生队列	20世纪40年代出生队列	20世纪50年代出生队列	20世纪60年代出生队列
	（6）	（7）	（8）	（9）	（10）
升学	0.039***	0.314***	0.139***	0.045***	0.092***
	（0.007）	（0.058）	（0.021）	（0.012）	（0.012）
就业	0.158***	0.082***	0.079***	0.075***	0.108***
	（0.010）	（0.009）	（0.006）	（0.005）	（0.006）
结婚	0.041***	0.066***	0.066***	0.060***	0.067***
	（0.010）	（0.009）	（0.007）	（0.006）	（0.006）
样本量	32 534	67 088	194 712	286 124	277 049
R平方	0.088	0.093	0.062	0.047	0.069

注：括号内为聚类到城市层面的稳健标准误。*、** 和 *** 分别表示参数估计值在10%、5%和1%的统计水平上显著。不同列的回归结果均是在控制城市固定效应、年份效应、出生队列、年龄和文化程度等控制变量后得到的。由于高中及以下文化程度的群体没有升入大中专及以上教育的经历，因此无法得到该变量的估计系数，用"—"表示。

第五节　拓展性分析

中国健康与养老追踪调查—生命历程调查数据涵盖的主要是年龄在45岁及以上的群体。因此，该调查收集到的数据主要覆盖的是20世纪30年代—60年代出生的群体，缺失20世纪70年代—90年代出生队列的样本。鉴于此，本章使用2014年的中国劳动力动态调查（CLDS）数据进一步从生命历程视角探讨20世纪70年代—90年代出生队列的迁移特征。该调查的样本数为23 594个，20世纪70年代—90年代出生的样本占总样本的49%，为10 364个。该调查详细收集了被访者从14岁到2014年的迁移历史，比如，迁移的次数、时间、地点和原因等。通过对中国劳动力动态调查数据的分析，一方面，可以拓展本章的研究，进一步刻画20世纪70年代—90年代出生队列的迁移特征；另一方面，可以进一步验证本章得到的我国人口迁移类型的基本结论。

表5-10展示了中国劳动力动态调查数据20世纪70年代—90年代出

生队列的描述性统计结果。迁移群体和未迁移群体的平均年龄约为 31 岁，且主要以农业户口为主，文化程度在初中及以上，家庭中兄弟姐妹数量在 2 个左右，生育子女的数量在 1 个左右。与中国健康与养老追踪调查—生命历程调查数据相比，中国劳动力动态调查数据中样本的文化程度更高，兄弟姐妹和子女数量较少，但两个调查数据中的男性和女性占比相近且都以农业户口为主。

表 5-10   变量定义和描述性统计（CLDS 数据）

变量	定义/赋值/单位	未迁移者	首次迁移者	第 2 次迁移者	第 3 次迁移者
性别	女性/%	52.03	57.65	47.73	41.36
	男性/%	47.97	42.35	52.27	58.64
户口类型	农业户口/%	73.29	72.38	74.22	81.82
	非农户口/%	26.71	27.62	25.78	18.18
文化程度	小学以下/%	5.43	2.01	0.28	0.45
	小学/%	16.10	14.59	12.46	14.09
	初中/%	36.02	35.34	35.69	44.55
	高中/%	12.82	10.44	10.48	11.82
	大中专及以上/%	29.63	37.62	41.09	29.09
父亲文化程度	小学以下/%	21.34	14.69	10.55	9.18
	小学/%	34.33	37.56	36.11	38.16
	初中/%	26.71	26.19	29.27	27.06
	高中/%	10.56	13.87	18.28	18.84
	大中专及以上/%	7.06	7.69	5.79	6.76
母亲文化程度	小学以下/%	34.02	27.45	24.56	27.01
	小学/%	35.60	41.26	42.01	43.13
	初中/%	19.20	20.56	21.60	15.64
	高中/%	6.51	6.56	8.73	12.32
	大中专及以上/%	4.67	4.17	3.10	1.90
年龄	岁	31.09	31.73	30.95	31.14

表5-10(续)

变量	定义/赋值/单位	未迁移者	首次迁移者	第2次迁移者	第3次迁移者
兄弟姐妹数量	家庭中兄弟姐妹数量/个	2.11	2.34	2.24	2.37
子女数量	家庭中子女数量/个	1.59	1.5	1.43	1.57
样本量		8 123	2 241	706	220

注：表中展示的是变量的均值或百分比。

一、人口迁移时空和动态特征

基于不同性别、出生队列、户口类型和文化程度的人口迁移概率的分布情况的分析，可以发现，男性、生于20世纪80年代和90年代、文化程度越高的群体，人口迁移概率更高。具体地，人口迁移的高峰期集中在20~30岁，之后呈现逐渐下降趋势。整体上，生命历程中我国人口迁移概率分布呈现倒"U"形特征。

表5-11展示了基于中国劳动力动态调查数据得到的20世纪70年代—90年代出生队列的迁移空间分布情况。可以发现，一线城市、省会城市、东部地区城市和粤港澳（珠三角）等城市群是人口迁移的主要迁入地。随着迁移次数的增加迁往一线和二线城市、东部地区城市、粤港澳（珠三角）城市群的人口比重不断提高。而迁往中、西、东北地区、省会城市、其他城市群的人口比重则呈现逐渐降低的趋势。同样地，这与本章基于中国健康与养老追踪调查—生命历程调查数据的发现是基本一致的。

表5-11 人口迁移空间特征（CLDS数据）

	类型	首次迁移	第2次迁移	第3次迁移
行政级别	非省会城市/%	63.54	71.81	75.45
	省会城市/%	36.46	28.19	24.55
城市层级	一线城市/%	17.22	24.50	29.55
	二线城市/%	35.43	24.08	20.00
	三线城市/%	20.53	21.53	27.27
	四线城市/%	26.82	29.89	23.18

表5-11（续）

	类型	首次迁移	第2次迁移	第3次迁移
地理区域	东部地区/%	59.97	68.79	81.36
	中部地区/%	15.31	13.48	8.64
	西部地区/%	19.68	14.75	9.55
	东北地区/%	5.04	2.98	0.45
城市群	京津冀城市群/%	4.86	3.40	2.27
	长三角城市群/%	10.80	9.35	9.09
	粤港澳（珠三角）城市群/%	30.92	42.92	58.64
	其他城市群/%	53.42	44.33	30.00
	样本量	2 241	706	220

注：东部、中部、西部和东北地区，一、二、三、四线城市，以及城市群的划分依据与表5-2
一致。

表5-12 展示了基于中国劳动力动态调查数据分析的20世纪70年代—90年代出生队列的人口迁移动态特征。可以发现，生命历程中我国人口迁移依旧呈现出显著的"外迁—回流""外迁—再外迁"等动态特征。持续性外迁人数的占比较大，男性和农业户口的群体是人口动态迁移的主力军。综上可知，使用中国劳动力动态调查数据和中国健康与养老追踪调查——生命历程调查数据对生命历程中我国人口迁移动态特征进行分析的研究结果是基本一致的。这也表明，生命历程中我国人口动态迁移的特征是普遍存在的。

表5-12 人口迁移动态特征（CLDS 数据）

类型	第1次迁移	第2次迁移		第3次迁移		
	外迁	回乡	外迁	回乡	外迁	迁到第1个迁入地
比例/%	100	29.60	70.39	16.36	71.37	12.27
人数/人	2 241	209	497	36	157	27
总人数/人	2 241	706		220		
女性/%	57.65	49.28	47.08	44.44	39.49	48.15
男性/%	42.35	50.72	52.92	55.56	60.51	51.85

表5-12(续)

类型	第1次迁移	第2次迁移		第3次迁移		
	外迁	回乡	外迁	回乡	外迁	迁到第1个迁入地
小学/%	16.60	12.44	12.88	13.89	15.92	7.41
初中/%	35.34	30.62	37.83	41.67	41.40	66.67
高中/%	10.44	7.66	11.67	11.11	11.46	14.81
大中专及以上/%	37.62	49.28	37.62	33.33	31.22	11.11
农业户口/%	72.38	66.99	77.26	80.56	81.53	85.19
非农户口/%	27.62	33.01	22.74	19.44	18.47	14.81
20世纪70年代出生队列/%	43.28	39.23	34.00	36.11	34.39	25.93
20世纪80年代出生队列/%	41.32	45.45	51.91	44.44	56.69	59.26
20世纪90年代出生队列/%	15.40	15.31	14.09	19.45	8.92	14.81

注：外迁在第1次迁移中是指由出生地所在县（市、区），第1次从一个县（市、区）迁移到另一个县（市、区），并连续居住留月以上；外迁在第2次迁移中是指迁移到除第1次迁入地和出生地所在县（市、区）以外的县（市、区）；外迁在第3次迁移中是指迁移到除第1和2次迁入地以及出生地所在县（市、区）以外的县（市、区）；回乡是指回迁到出生地所在县（市、区）。

二、人口迁移原因、距离和居留时间特征

通过对表5-13的分析，本章依旧发现在生命历程中我国人口动态迁移的主要原因是就业、婚姻、参军和家属随迁。其中，男性、农业户口、文化程度较低的群体因工作而迁移的比例更大，女性因婚姻而迁移的比例更大。同时，男性、非农户口、高文化程度和20世纪90年代出生队列因上学/毕业而迁移的比例更高。

表 5-13　人口动态迁移原因（CLDS 数据）

类型	次数	异地工作/%	婚姻/%	家属随迁/%	上学/毕业/%	参军/%	其他/%
整体	第 1 次迁移	72	6.80	2.40	1.60	13.60	3.6
	第 2 次迁移	84.11	7.94	2.80	1.87	1.40	1.88
	第 3 次迁移	84.91	8.02	2.83	1.89	0.94	1.41
男性	第 1 次迁移	72.50	0.63	1.88	1.88	20.00	3.11
	第 2 次迁移	89.92	0.78	2.33	2.33	2.33	2.31
	第 3 次迁移	91.34	0.79	2.36	2.36	1.57	1.58
女性	第 1 次迁移	71.11	17.78	3.33	1.11	2.22	4.45
	第 2 次迁移	75.29	18.82	3.53	1.18	0	1.18
	第 3 次迁移	75.29	18.82	3.53	1.18	0	1.18
非农户口	第 1 次迁移	51.72	6.90	3.45	3.45	25.86	8.62
	第 2 次迁移	73.17	9.76	4.88	4.88	2.44	4.87
	第 3 次迁移	73.17	9.76	4.88	4.88	2.44	4.87
农业户口	第 1 次迁移	78.13	6.77	2.08	1.04	9.90	2.08
	第 2 次迁移	86.71	7.51	2.31	1.16	1.16	1.15
	第 3 次迁移	87.72	7.60	2.34	1.17	0.58	0.59
小学及以下	第 1 次迁移	93.33	3.33	0	0	0	3.34
	第 2 次迁移	93.33	3.33	0	0	0	3.34
	第 3 次迁移	93.33	3.33	0	0	3.34	0
初中	第 1 次迁移	77.88	7.69	1.92	0.96	9.62	1.93
	第 2 次迁移	87.10	8.60	2.15	1.08	1.08	0
	第 3 次迁移	88.04	8.70	2.17	1.09	0	0
高中	第 1 次迁移	86.21	3.45	3.45	0	6.90	0
	第 2 次迁移	92.59	3.70	3.70	0	0	0
	第 3 次迁移	92.59	3.70	3.70	0	0	0
大中专及以上	第 1 次迁移	52.87	8.05	3.45	3.45	25.29	6.89
	第 2 次迁移	71.88	10.94	4.69	4.69	3.13	4.67
	第 3 次迁移	73.02	11.11	4.76	4.76	1.59	4.76
20 世纪 70 年代出生队列	第 1 次迁移	57.45	5.32	4.26	1.06	17.02	14.89
	第 2 次迁移	72.97	6.76	5.41	1.35	0	13.51
	第 3 次迁移	73.97	6.85	5.48	1.37	0	12.33

表5-13（续）

类型	次数	异地工作/%	婚姻/%	家属随迁/%	上学/毕业/%	参军/%	其他/%
20世纪80年代出生队列	第1次迁移	56.82	7.58	0.76	1.52	12.12	21.2
	第2次迁移	63.56	8.47	0.85	1.69	2.54	22.89
	第3次迁移	64.10	8.55	0.85	1.71	1.71	23.08
20世纪90年代出生队列	第1次迁移	62.50	8.33	4.17	12.50	8.33	4.17
	第2次迁移	68.18	9.09	4.55	4.55	0	13.63
	第3次迁移	68.18	9.09	4.55	4.55	0	13.63

注：其他原因的迁移主要包括上山下乡、拆迁搬家、支内/支边、转干等。与2014年中国健康与养老追踪调查—生命历程调查数据不同，2014年的中国劳动力动态调查数据在迁移原因划分上没有照顾家人这种类型。非农户口的群体因其他原因而发生首次迁移的比例高达33.92%，其中，30.41%是因上山下乡而发生迁移。

本章使用中国劳动力动态调查数据进一步探讨了生命历程中我国人口动态迁移的居留时间和距离特征的动态变化。表5-14显示，生命历程中我国人口迁移的平均居留时间逐渐下降，迁移距离不断增加。其中，女性和非农户口居留时间更长，男性和非农户口的迁移距离更远。20世纪90年代出生队列迁移的距离更远、居留时间更短。

表5-14　人口动态迁移距离和居留时间（CLDS数据）

类型	分类	第1次	第2次	第3次	3次平均值
全样本	迁移距离/公里	591.80	705.13	710.37	669.10
男性	迁移距离/公里	700.45	775.86	767.30	747.87
女性	迁移距离/公里	511.74	627.44	624.59	587.92
小学及以下	迁移距离/公里	626.13	750.17	727.71	701.34
初中	迁移距离/公里	649.14	803.82	776.38	743.11
高中	迁移距离/公里	498.65	642.20	682.05	607.63
大中专及以上	迁移距离/公里	548.82	621.46	613.57	594.62
农业户口	迁移距离/公里	517.88	596.76	642.99	585.88
非农户口	迁移距离/公里	618.77	741.81	724.77	695.12
20世纪70年代出生队列	迁移距离/公里	548.37	674.91	727.63	650.30

表5-14(续)

类型	分类	第1次	第2次	第3次	3次平均值
20世纪80年代出生队列	迁移距离/公里	608.25	703.50	707.53	673.09
20世纪90年代出生队列	迁移距离/公里	667.25	784.62	679.58	710.48
全样本	居留时间/年	4.42	3.76	3.03	3.74
男性	居留时间/年	4.28	3.46	3.13	3.62
女性	居留时间/年	4.57	4.2	2.85	3.87
小学及以下	居留时间/年	5.34	4.45	4.15	4.65
初中	居留时间/年	3.93	3.4	2.75	3.36
高中	居留时间/年	4.20	3.52	2.88	3.53
大中专及以上	居留时间/年	4.61	4.07	2.85	3.84
农业户口	居留时间/年	4.25	3.54	3.09	3.63
非农户口	居留时间/年	4.91	4.76	2.43	4.03
20世纪70年代出生队列	居留时间/年	5.77	5.12	4.48	5.12
20世纪80年代出生队列	居留时间/年	4	3.27	2.33	3.20
20世纪90年代出生队列	居留时间/年	2.52	2.28	2	2.27

注：迁移距离是指迁移的两个城市间最短公路距离。

三、人口迁移公共服务、人力资本和收入特征

基于中国劳动力动态调查数据的分析同样发现，迁移群体所居城市拥有更高的教育、医疗和文化公共服务水平（见表5-15）。教育公共服务方面，未迁移群体所居城市教育公共服务得分值低于迁移群体所居城市，分别为3.88和4.11。医疗公共服务方面，未迁移群体所居城市医疗公共服务得分值低于迁移群体所居城市。迁移群体所居城市医疗公共服务得分值分别为4.02、4.21和4.55；未迁移群体所居城市医疗公共服务得分值为3.22。文化公共服务方面，迁移群体所居城市的文化公共服务水平显著高于未迁移群体，分别为3.98和3.58。此外，迁移群体具有更高的人力资

本。具体地，未迁移群体的平均受教育年限约为 10 年，有 1 次、2 次和 3 次迁移经历的群体平均受教育年限分别约为 11.2 年、11.7 年和 10.9 年。

迁移群体比未迁移群体拥有更高的收入，迁移次数越多的群体其收入水平越高（见表 5-15）。从就业次数来看，未迁移群体的收入水平显著低于迁移群体，并且随着就业次数的增加，未迁移群体收入水平与迁移群体差距依旧存在。从不同历史时期来看，与 2000 年相比，2014 年未迁移群体与迁移群体的收入差值是普遍存在的。综合来看，迁移群体在终生平均月收入上都显著高于未迁移群体。

表 5-15　人口迁移的公共服务、人力资本和收入的动态变化（CLDS 数据）

类型	未迁移群体	1 次迁移群体	2 次迁移群体	3 次迁移群体
教育公共服务得分值	3.88	4.11	3.97	3.72
医疗公共服务得分值	3.22	4.02	4.21	4.55
文化公共服务得分值	3.58	3.98	3.92	3.78
受教育年限/年	10.33	11.19	11.69	10.96
2014 年自评健康/得分	3.97	3.90	3.87	3.81
首次就业月收入/元	1 546.52	1 657.46	1 693.06	1 330.95
第 2 次就业月收入/元	2 844.94	3 170.3	3 365.62	3 392.76
第 3 次就业月收入/元	1 927.75	2 119.08	2 200.42	1 952.96
2000 年就业月收入/元	1 719.71	2 004.61	2 045.99	1 856.84
2014 年就业月收入/元	1 837.5	2 182.08	1 953.77	1 958.57
终生平均月收入/元	1 758.24	2 035.6	2 197.88	2 087.02

注：数据来源于 2014 年《城市统计年鉴》。2014 年自评健康来自被访者 2014 年对自身健康状况的回答，具体为很不好、不好、一般、好、很好，分别赋值 1~5。月收入是指从事农业受雇、非农受雇等工作平均月收入，并经过 CPI 调整为 2014 年物价水平。其中，删除月收入为 0 的样本，并对最低和最高 1% 的月收入进行了缩尾处理。

第六节　本章小结

　　本章基于人口迁移史数据剖析了我国人口迁移的时间和空间特征，并基于生命历程调查数据探讨了生命历程中升学、就业和婚姻事件与个体生命历程中的人口迁移关系。为我们理解生命历程中个体迁移行为提供了新的视角，对我国新型城镇化发展提供新的经验证据。同时，本章详细地回答了第四章提出的从生命历程视角刻画我国人口迁移规律的问题。总结来看：

　　首先，20~40岁是我国人口迁移的高峰期。20世纪40年代和50年代出生群体的生命历程中的人口迁移概率分布更符合倒"U"形且尾部有小高峰的"罗杰斯曲线"。男性的迁移率都高于女性，但是，在25岁左右的较短时期内，由于婚姻原因女性的迁移率高于男性。一线城市、省会城市和东部地区的城市群是我国人口的主要迁入地。其次，生命历程中我国人口迁移呈现出"外迁—回流""外迁—再外迁"等动态特征。并且，迁移群体所居城市的公共服务水平更高。在动态迁移的过程中，我国人口居留时间不断减少，但迁移距离在不断增加。此外，生命历程中有过迁移经历的群体积累了更高的人力资本，并且在短期和长期上都具有更高的收入水平。最后，生命历程中升学、就业和婚姻事件能够有效地触发我国人口迁移；其中，升学和就业对男性和非农户籍人口迁移的正向影响显著大于女性和农业户籍人口，婚姻对女性迁移的正向影响显著大于男性。

第六章 生命历程视角下公共服务
与人口动态迁移

第一节 引言

第五章从生命历程视角对我国人口迁移的规律进行了深入的分析。至此，我们对生命历程视角下我国人口的迁移时空特征有了深入的了解。并且，我们发现生命历程中我国人口迁移具有显著的动态特征。鉴于此，本章依旧基于生命历程的视角，进一步对我国人口动态迁移的影响因素进行探讨，即公共服务与我国人口动态迁移的关系及异质性特征分析。

我国人口迁移动态形成的核心是户籍制度约束下城乡居民享有的不平等公共服务、城市就业和社会保障权利。为了应对我国逐渐消失的人口红利，中央政府通过促进我国劳动力要素的自主有序流动提高要素配置效率，激发社会创造力，推动经济发展质量变革。2014 年《国家新型城镇化规划（2014—2020 年）》明确要求将农民工及其随迁家属纳入社区卫生服务体系。2020 年，国务院出台的《关于构建更加完善的要素市场化配置体制机制的意见》明确提出，建立城镇教育、医疗卫生等基本公共服务与常住人口挂钩机制，推动公共资源按常住人口规模配置。

因此，厘清我国市场经济建设时期人口动态迁移特征，从生命历程视角探讨公共服务对我国人口迁移动态的影响及异质性特征，可以基于公共政策视角为个体公平发展提供建议。进而，提高我国劳动力要素配置效率，完善要素市场化配置，促进社会公平发展，加快我国社会结构变革。

户籍制度的约束，使得我国城市外来人口无法获得与城市户籍人口平等的公共服务，难以在城市长期定居。基于 2014 年中国健康与养老追踪调查一生命历程调查数据的分析显示，我国人口迁移具有显著的动态性和周期性，具体呈现出"外迁—回流""外迁—再外迁"的动态特征。然而，大量关于我国人口迁移问题的文献，基本都是基于静态分析视角，针对农民工或流动人口迁出、回流、再迁移中某一个问题的研究。比如，石智雷和杨云彦（2012）探讨了家庭禀赋对农村迁移劳动力回流的影响；接着，张吉鹏、黄金和王军辉等（2020）从户籍制度的角度，探讨了城市落户门槛对我国劳动力回流的影响。郭云南和姚洋（2013）探讨了宗族网络对农村劳动力外出打工的影响。刘家强、王春蕊和刘嘉汉（2011）探讨了年龄、技能水平对农民工就业地选择的影响。近几年，越来越多的研究开始关注房价、空气污染以及城市公共服务对人口迁移的影响。周颖刚、蒙莉娜和卢琪（2019），张莉、何晶和马润泓（2017）探讨了房价与流动人口迁移的关系。孙伟增、张晓楠和郑思齐（2019），邓曲恒和邢春冰（2018）探讨了空间污染对流动人口迁移的影响。武优勐（2020）、何炜（2020）以及夏怡然和陆铭（2015）等发现城市公共服务是影响城市外来人口迁移的主要因素，并且公共服务成了影响劳动力回流的主要中间变量（张吉鹏，黄金，王军辉，等，2020）。

在研究数据上，已有的研究多数集中于 2005 年 1%人口抽样调查数据（夏怡然，陆铭，2015）、中国城乡劳动力流动调查数据（王子成，赵忠，2013）、全国流动人口动态监测调查数据（孙伟增，张晓楠，郑思齐，2019）、中国家庭金融调查数据（张吉鹏，黄金，王军辉，等，2020）、农业部农村固定观察点数据（郭云南，姚洋，2013），以及小规模调查数据（陈丹，任远，戴严科，2017）。以上这些数据都只是记录个体某段时间或某个时点上的迁移状态，对于个体迁移史的记录都是不完整的。因此，关于我国人口迁移的相关研究结论可能是不全面的。

鉴于此，本章在 2014 年中国健康与养老追踪调查—生命历程调查数据的基础上结合《中国城市统计年鉴》的数据，分别使用静态和动态分析模型，从生命历程的视角，探讨教育、医疗和文化公共服务对我国人口动态迁移的影响及异质性特征。本章试图回答 3 个问题：①生命历程视角下我国人口动态迁移的基本特征是什么？②生命历程视角下公共服务对我国人口动态迁移的影响是什么？这种影响是否存在显著的异质性特征？③静态模型与动态模型的估计结果是否存在显著差异？

第二节 数据和描述性分析

一、数据来源和处理

本章主要使用两套数据。

第一，2014 年中国健康与养老追踪调查—生命历程调查数据。该数据主要收集了 8 个方面的信息，个体迁移史、个体基本信息、家庭信息、教育史、健康史、保健史、财富史和工作史。调查对象是中国 28 个省（区、市）150 个县（市、区）的 45 岁以上的住户人群，共调查了 20 654 个样本，该数据具有较好的全国代表性，剔除性别、年龄等数据存在缺失值的样本后，最终得到 17 789 个有效样本。

第二，1995—2014 年的《中国城市统计年鉴》。1995 年开始统计的《中国城市统计年鉴》详细记录了中学教师数、小学教师数、医院数等城市公共服务等信息。同时，由于户籍制度等限制，我国大规模的人口自由迁移是从 20 世纪 90 年代逐渐开始。因此，我们构造出我国 285 个城市 1995—2014 年的面板数据。具体地，《中国城市统计年鉴》提供了我国 285 个城市 1995—2014 年大学学校数、中学教师数、医院数、图书馆藏书量和城市职工工资等信息。鉴于本章使用的是条件 Logit 模型；并且，本书在静态模型分析中，将生命历程中的人口动态迁移过程分解为首次迁移和再迁移两个静态过程；同时，参考何炜（2020）及张莉、何晶和马润泓（2017）的做法，本章将 1995—2014 年面板结构城市特征数据转换为 1995—2014 年每个城市特征变量均值的截面数据。

本章的核心是探讨城市公共服务对生命历程中我国人口动态迁移的影响。但是由于我们只有 1995—2014 年的城市公共服务数据。鉴于此，本章对样本进行了进一步筛选，筛选的条件主要有两条：第一，个体必须发生跨县（市、区）迁移且在迁入县（市、区）连续居住时间超过 6 个月及以上；第二，发生迁移的时间在 1995—2014 年。符合以上两个条件的样本共有 1 923 个。这表明，1995—2014 年有 1 923 个个体至少有 1 次迁移经历。其中，1995—2014 年有 391 个个体至少有 2 次迁移经历，即动态迁移样本为 391 个。在静态分析模型中，本章构建出分别包含首次迁移和再迁移群体的两组截面数据：①1 923 个个体和城市公共服务等特征变量匹配的截面数据；②391 个个体和城市公共服务等特征变量匹配的截面数据。在动态分析模型中，本章通过对该调查数据中个体迁移史、教育史、家庭史、工作史中的每个时间点，回溯出个体从 1995 年到 2014 年每一年的个体和迁移等特征信息，获得 1 923 个个体 1995—2014 年的面板数据。删除1995—2014 年个体每一年收入、户口类型、迁移地点和时间等缺失的样本，接着，将剩余样本与 1995—2014 年城市公共服务面板数据相匹配，最终得到一份 610 个样本 1995—2014 年的面板数据，有效样本量为 12 200。

二、变量选择和描述性统计

本章的变量主要包括两个方面：一是个体层面的变量，如性别、年龄、文化程度、户口类型和出生队列；二是城市层面的变量，如大学教师数、中学教师数、小学教师数、人均医生数、城市绿化率、全市职工年平均工资、人均 GDP 和全市人口密度等（韩峰和李玉双，2019）。为了避免教育、医疗等对应的各指标间可能存在多重共线性的问题。参照夏怡然和陆铭（2015）和戴蒙德（Diamond，2016）等人的做法，本章使用主成分分析法分别取教育、医疗和文化公共服务第一主成分得分值来度量城市的教育、医疗和文化公共服务水平。变量的具体定义和赋值见表 6-1。

个体特征方面，迁移群体以农业户口为主，迁移群体中农业户口占比约为 80%。迁移群体具有更高的文化程度，迁移群体中初中及以上文化程度的人口约占 50%，而未迁移群体约占 39%。迁移群体的年龄和子女数量都略低于未迁移群体；迁移群体的性别比例和兄弟姐妹数量与未迁移群体无显著差异。

城市特征方面，再迁移群体所居住城市教育、医疗和文化公共服务水平都显著高于首次迁移群体和定居群体。并且，再迁移群体所居城市的职工平均工资、人均 GDP 和城市人口密度等都显著高于首次迁移群体。这表明，迁移群体迁入了工资水平、经济水平较高和人口规模较大的大城市。

表 6-1　变量描述性统计

变量	变量说明、赋值和单位	首次迁移样本	再迁移样本	定居样本
性别	女性/%	45.50	33.83	48.59
	男性/%	54.50	66.17	51.41

表6-1(续)

变量	变量说明、赋值和单位	首次迁移样本	再迁移样本	定居样本
户口类型	农业户口/%	75.46	81.09	73.96
	非农户口/%	24.54	18.91	26.04
文化程度	小学以下/%	9.62	5.22	10.78
	小学/%	36.66	33.58	37.48
	初中/%	33.80	39.30	32.35
	高中/%	11.13	13.18	10.59
	大中专及以上/%	8.79	8.71	9.15
出生队列	20世纪40年代/%	13.99	6.22	16.04
	20世纪50年代/%	28.13	23.88	29.26
	20世纪60年代/%	57.88	69.90	54.70
年龄	实际值/年	53.67	51.36	54.28
年收入	年平均收入/千元	11.81	12.09	11.73
教育公共服务	全市高等学校数、中学学校数、小学学校数、高等学校教师数、中学教师数和小学教师数的主成分得分值	4.55	4.78	4.48
医疗公共服务	全市人均医生数、人均医院数和人均床位数的主成分得分值	3.84	4.01	3.8
文化公共服务	全市剧场/影院数和图书馆图书总藏量的主成分得分值	4.27	4.54	4.2
城市环境	市辖区建成区绿化覆盖率和市辖区绿地面积的主成分得分值	3.85	4.01	3.81
职工工资	全市职工年平均工资/千元	23.52	24.73	23.17
人均GDP	全市地区生产总值/全市常住人口数/千元/人	60.92	66.03	59.57
人口密度	全市人口密度/人/平方公里	614.58	653.91	604.19
邮政局数量	全市年末邮政局（所）数量/处	414.3	442.77	406.77
人均固定资产投资额	全市固定资产投资额/全市常住人口数/千元/人	25.64	26.99	25.28

表6-1(续)

变量	变量说明、赋值和单位	首次迁移样本	再迁移样本	定居样本
失业率	全市登记失业人口/（登记失业人数+在岗职工人数）/%	3.11	2.99	3.14
第三产业占比	全市年末第三产业从业人口占比/%	48.36	48.84	48.23
跨省迁移	是否为跨省迁移（是=1；否=0）	0.53	0.68	0.49
样本数		1 923	391	1 532

注：非农户口和农业户口的划分是指 2014 年被访者的户口类型。教育公共服务、医疗公共服务和文化公共服务的得分值是使用主成分分析法计算得到。由于主成分得分值可能为负数，参考夏怡然和陆铭（2015）的做法，我们对所有城市的教育和医疗服务得分值都加上 3。这样处理并不会改变城市教育、医疗和文化公共服务的相对差异，也不改变实证分析结果。为了剔除价格因素的影响，我们通过 CPI 将年收入、职工工资、人均 GDP、人均固定资产投资额调整为 2014 年水平。

接着，表 6-2 进一步展示了教育、医疗和文化公共服务、城市其他特征变量和工具变量的详细描述性统计结果。需要指出的是，城市教育、医疗和文化公共服务滞后一期值是指 1994 年地级市的统计值。灯光强度数据来源于美国国家海洋和大气管理局（NOAA）公布的 1995—2013 年夜间灯光影像数据。气温指数的数据主要来源于国信房地产信息网。

表 6-2　公共服务及其他城市特征变量描述性统计

变量	单位	样本数	均值	标准差	最小值	最大值
教育公共服务	得分值	285	4.55	2.44	1.11	14.62
医疗公共服务	得分值	285	3.84	1.36	1.49	8.09
文化公共服务	得分值	285	4.27	2.42	2.41	11.89
城市环境	得分值	285	3.85	1.47	1.59	7.43
职工工资	千元	285	23.44	15.38	3.87	81.43
人均GDP	千元/人	285	60.92	67.21	6.11	389.67
人口密度	人/平方公里	285	614.58	412.75	10.59	2 334.8
邮政局数量	处	285	414.3	349.39	30	2 011

表6-2(续)

变量	单位	样本数	均值	标准差	最小值	最大值
人均固定资产投资额	千元/人	285	25.64	15.17	2.63	113.43
失业率	%	285	3.11	1.31	0.21	13.64
第三产业占比	%	285	48.36	9.09	23.04	77.49
跨省迁移	—	285	0.53	0.5	0	1
灯光强度	亮度值	278	5.53	6.71	0.15	50.63
气温指数	度	267	14.18	5.33	0	25.90
教育公共服务滞后一期值	得分值	222	3.01	1.29	1.67	11.07
医疗公共服务滞后一期值	得分值	256	3.00	1.03	1.31	8.86
文化公共服务滞后一期值	得分值	258	3.00	0.80	2.35	9.47

注：教育、医疗和文化公共服务滞后一期值是指1994年的统计值。跨省迁移是0~1变量，无单位，以"—"表示。

第三节　研究方法

一、静态估计策略

本章假定当个体在决定迁入到某个城市时，其随机效用函数由所迁入城市的特征和个人地区偏好组成。

$$U_{ij} = \alpha P_{ij} + \beta Z_{ij} + \varepsilon_{ij} \qquad (6-1)$$

其中，i 为每个被访问的个体，$i \in (1, \cdots, N)$，j 为可供个体选择的城市，$j \in (1, \cdots, J)$。

P_{ij} 表示可供个体 i 选择的城市 j 的公共服务水平，主要包括教育、医疗和文化公共服务。

Z_{ij} 表示城市层面的其他特征变量，主要包括城市职工工资、人均 GDP 和人均固定资产投资额等（夏怡然，陆铭，2015；韩峰，李玉双，2019）。

ε_{ij} 为不可观测因素。

个体在可供选择的 J 个城市中选择能够使其效用最大化的城市作为迁入城市，即

$$U_{ij} > U_{ik}, \quad \forall j \neq k \qquad (6-2)$$

个体 i 选择迁入城市 j 的概率为 Prob（$\text{Chosen}_{ij} = 1$），其中，因变量为是否选择某个城市作为迁入城市的 0、1 变量，当城市 j 被个体选择为迁入城市，则 Chosen_{ij} 赋值为 1；反之，赋值为 0。

$$\text{Prob}(\text{Chosen}_{ij} = 1) = \frac{\exp(\alpha P_{ij} + \beta Z_{ij})}{\sum_{j=1}^{J} \exp(\alpha P_{ij} + \beta Z_{ij})} \qquad (6-3)$$

每个个体 i 在进行动态迁移时都有多个可供选择的城市，用 N_i 表示。那么，我们实际观测到的样本数为个体数量 N 与可供选择城市数量 J 的乘积（$N \times J$）。表 6-3 展示了条件 Logit 模型的数据结构：每一个迁移人口 i 和可供选择的城市 j 组成该数据的一个样本。对于迁移人口 i 的 N_i 个样本中，只有迁移人口 i 实际迁入城市 j 对应的 Chosen_{ij} 变量取值为 1，其他样本的 Chosen_{ij} 变量取值为 0。此外，城市公共服务和控制变量的数值只随城市和时间而变化（孙伟增，张晓楠，郑思齐，2019）。

表 6-3　条件 Logit 模型的数据结构

样本编号	迁移人口编号（i）	可供选择城市集（j）	选择结果（Chosen_{ij}）	城市公共服务（P_{ij}）
1	1	1	1	…
2	1	2	0	
3	1	3	0	
4	1	4	0	
…	…	…	0	…
N_1	1	N_1	0	
$N_1 + 1$	2	1	0	
$N_1 + 2$	2	2	1	
$N_1 + 3$	2	3	0	
…	…	…	0	…
$N_1 + N_2$	2	N_2	0	
…	…	…	…	…

本章使用麦克法登（Mcfadden，1974）提出的条件 Logit 模型对个体 i 选择迁入城市 j 的概率进行估计，其中，参数 α 和 β 反映城市公共服务特征和城市其他特征值的大小对个体选择迁入城市概率的影响。

在了解公共服务与人口动态迁移的关系之后，本章将进一步探讨二者的关系在生命历程和个体特征方面的异质性。具体地，通过划分不同类型的群体来探讨公共服务对人口动态迁移影响的异质性特征（杨义武，林万龙，张莉琴，2017；周颖刚，蒙莉娜，卢琪，2019；张莉，何晶，马润泓，2017）。

尽管本章对可能影响人口动态迁移的城市公共服务和城市其他特征变量进行了控制。然而，城市层面影响人口动态迁移的因素是复杂的，难以在模型中被全部控制。并且，城市公共服务与人口动态迁移可能还存在互为因果的问题。针对以上原因所导致的内生性问题，参考孙伟增、张晓楠和郑思齐（2019），以及陈诗一和陈登科（2018）的做法，本章分别使用公共服务滞后一期值（1994 年）、城市灯光强度和气温指数作为城市公共服务的工具变量。该工具变量与城市公共服务紧密相关，但与人口迁移没有直接关系，满足工具变量相关性和外生性假设。

本章通过两阶段方法对生命历程中公共服务与人口动态迁移进行回归分析。

第一阶段：通过控制城市经济等特征的情况下，使用公共服务滞后一期值（1994 年）、城市灯光强度和气温指数三个工具变量分别对教育、医疗和文化公共服务水平进行回归分析，获得二者的回归系数，通过回归系数获得城市公共服务的预测值。

$$\text{pub\_ edu}_j = \varphi_1 \text{ Instrument}_j + \varphi_2 \, Z_j + \xi_j$$
$$\text{pub\_ medical}_j = \varphi_1 \text{ Instrument}_j + \varphi_2 \, Z_j + \xi_j \qquad (6\text{-}4)$$
$$\text{pub\_ culture}_j = \varphi_1 \text{ Instrument}_j + \varphi_2 \, Z_j + \xi_j$$

第二阶段：使用第一阶段得到的教育、医疗和文化公共服务预测值替换实际的公共服务观测值，基于条件 Logit 模型分析生命历程中公共服务对人口动态迁移的影响。

$$\text{Chosen}_{ij} = \lambda_1 \text{ pub\_ edup}_{ij} + \lambda_2 \text{ pub\_ medp}_{ij} + \lambda_3 \text{ pub\_ culp}_{ij} + \lambda_4 \, Z_{ij} + \xi_{ij}$$
$$(6\text{-}5)$$

二、动态估计策略

(一) 动态迁移模型构建

基于收入和迁移成本两条影响路径，本章构造了个体动态迁移模型。更高的收入和公共服务是个体不断追求的目标，同时，迁移成本是影响个体迁移的另一个重要因素。假定个体希望通过迁移获得更高收入和公共服务，那么在进行迁入城市的选择时，个体将对当前居住城市和迁移后新居住城市所带来效用进行权衡，并根据个体特征、城市公共服务发展趋势来选择迁入的城市。参考拜尔蒙人（Bayer et al., 2016）的研究，本章构造出人口动态迁移模型。个体在整个生命历程中会做出一系列居住城市迁移的选择，以实现每个时期预期效用折现值总和的最大化。在动态规划的规则下，贝尔曼（Bellman）方程是刻画这个动态最优选择的主要方法。

在个体生命历程中的每一个时期，个体选择是否迁移；若迁移，个体支付迁移成本，获得更高的公共服务和预期收入。迁移决策变量 d_{it} 表示个体 i 在时期 t 做出的迁移选择：①是否迁移；②迁移的条件下，选择具体的迁入城市。本章使用 $d_{it} = j \in \{0, 1, \cdots, J\}$ 表示个体选择迁移的城市，J 为迁移城市的总和。0 表示选择的异常地点，如迁入城市为州、地区和盟等。个体未选择迁移，使用 $d_{it} = J + 1$ 表示。

在时期 t 内可观察的状态变量为 X_{it}，Z_{it} 和 h_{it}。X_{it} 表示一系列影响个体每个时期效用的城市特征变量，如教育、医疗和文化公共服务。Z_{it} 表示个体特征变量，如收入和户口类型。h_{it} 表示 $t-1$ 时期个体选择的居住城市。同时，动态迁移模型还包括 g_i、ξ_{it} 和 ε_{ijt} 三个不可观察变量。g_i 表示不可观察的个体类型；ξ_{it} 表示不可观察的城市偏好。ε_{ijt} 表示个体 i 在 t 时期选择城市 j 时受到的异质性随机冲击，本章使用 S_{it} 表示状态变量：$\{X_{it}, Z_{it}, h_{it}, g_i, \xi_{it}\}$。

接着，本章使用 $u_{ijt} = u(X_{it}, \xi_{it}, z_{it}, g_i, \varepsilon_{ijt})$ 表示个体 i 在每个时期从城市 j 获得的效用函数。$MC_{it} = MC(Z_{it}, X_{h_{it}})$ 表示个体每个时期的迁移成本，当个体发生迁移时才会支付。迁移成本由心理成本 $[PMC(\bar{Z}_{it})]$ 和财务成本 $[FMC(X_{h_{it}})]$ 组成。本章假定心理成本是可观察个体特征的函数。财务成本是城市特征的函数，用于衡量城市间交通距离带来的成本。u_{ijt}^{MC} 表示调整迁移成本后，个体 i 于 t 时期在 j 城市获得的效用。

本章假设状态转换概率是马尔科夫过程，并且，可以用 $q = $

$q(S_{i,\,t+1},\ \varepsilon_{i,\,t+1} | S_{it},\ \varepsilon_{it},\ d_{it})$ 表示，其中 ε_{it} 是包含所有选择的向量。本章假定每个个体的行为都是理性的，其迁移是为了实现最大化生命历程内的期望效用。因此，个体在生命历程中将做出一系列选择迁移城市的决策 (d_{it}) 以最大化期望效用：

$$E\Big[\sum_{r=t}^{T}\beta^{r-t}\big(u^{MC}(X_{jr},\ \xi_{jr},\ Z_{ir},\ g_{i},\ \varepsilon_{ijr},\ h_{ir,\,X_{h_{ir}}})\big) | s_{it},\ \varepsilon_{it},\ d_{it}\Big]$$

(6-6)

式中，β 表示折扣因子。d^{*} 表示最优决策规则下的迁移决策。

马尔科夫过程的问题中，最优决策是状态变量的函数。但一系列的决策是基于最优决策做出的，生命历程中的期望效用可以用值函数表示，生命历程中期望效用可以分解为 t 时期的效用和 $t+1$ 时期期望效用的总和。因此，本章使用 t 时期的贝尔曼（Bellman）方程表示值函数，等价于最大化 t 时期效用总和与 $t+1$ 时期折旧后的值函数。在有限期的视角下，值函数形式如下：

$$V(S_{it},\ \varepsilon_{it}) = \max_{j}\{u_{ijt}^{MC} + \beta E[V(S_{it+1},\ \varepsilon_{it+1}) | S_{it},\ \varepsilon_{it},\ d_{it}=j]\}$$

(6-7)

式（6-7）是确定性假设下，关于 V 的压缩映射。V 是可观察和不可观察变量的函数。为了简化模型，本章参考鲁斯特（Rust，1987）的研究做出一系列假设。

可分离性假设：每一期的效用函数是可分离相加的。

$$u_{ijt}^{MC} = u(X_{jt},\ \xi_{jt},\ Z_{it},\ g_{i}) + \varepsilon_{ijt},\ j = J + 1$$

$$u_{ijt}^{MC} = u(X_{jt},\ \xi_{jt},\ \bar{Z}_{it},\ g_{i}) - \mathrm{PMC}(\bar{Z}_{it}) + \varepsilon_{ijt},\ j \neq J + 1 \quad (6\text{-}8)$$

式中，$\bar{Z}_{it} = \bar{Z}(Z_{it},\ X_{h_{it}})$ 表示个体迁移后 $(j \neq J + 1)$ 的新类型。$\bar{Z}_{it}$ 表示除去财务成本 $[FMC(X_{h_{it}})]$ 后个体的财富。个体的新类型 $(\bar{Z}_{it})$ 是初始类型 (Z_{it}) 和上一个居住地的城市特征 $(X_{h_{it}})$ 的函数。

由等式（6-8）可知，当忽略心理成本、异质性冲击并将其他因素视为常数时，假设未迁移者的财富与迁移者迁入后的财富是相等的，那么，个体居住在地点 j 每一期的效用与迁移到地点 j 的个体每一期的效用将是一样的。具体如下：$Z_{it} = \bar{Z}_{it} \Rightarrow u(X_{it},\ \xi_{jt},\ Z_{it},\ g_{i}) = u(X_{it},\ \xi_{jt},\ \bar{Z}_{it},\ g_{i})$。

条件独立性假设：马尔科夫过程 q 的转换概率由两个因素组成，即

$$q(S_{it+1},\ \varepsilon_{it+1} | S_{it},\ \varepsilon_{it},\ d_{it}) = q_{s}(S_{it+1} | S_{it},\ d_{it}) q_{\varepsilon}(\varepsilon_{it+1}) \quad (6\text{-}9)$$

这个假设包含大量的约束。以 S_{it} 和 d_{it} 为条件时，误差项 ε_{ijt} 对未来的状态 S_{it+1} 没有预测能力。并且，ε_{it+1} 的概率密度与当前的状态之间相互独立。

实证分析中，我们进一步假设 ε_{ijt} 是独立同分布（I 类极值分布）。因此，我们可以定义迁移决策的值函数 $u_j^{MC}(S_{it})$ 形式为：

$$v_j^{MC}(S_{it}) = u_{ijt}^{MC} + \beta E\left[\log\left\{\sum_{k=0}^{J+1} \exp[v_k^{MC}(S_{i,\,t+1})]\right\}\,\bigg|\, S_{it},\ d_{it} = j\right]$$

(6-10)

与每一期的效用相似，全部具体选择的值函数可以分解为：①生命历程中选择居住地 j 的期望效用（不包含心理成本）；②心理成本。

我们对 $\bar{S}_{it}$ 的定义与 $\bar{Z}_{it}$ 的定义相似，当 $\bar{S}_{it}$ 与 S_{it} 相等时，$\bar{Z}_{it}$ 也与 Z_{it} 相等。因此：

个体未发生迁移时 $(j = J + 1)$，$v_j^{MC}(S_{it}) = v_j(S_{it})$；

个体发生迁移时 $(j \neq J + 1)$，$v_j^{MC}(S_{it}) = v_j(\bar{S}_{it}) - \text{PMC}(\bar{Z}_{it})$。

(6-11)

式中，

$$v_j(S_{it}) = u(X_{jt}, \xi_{jt}, Z_{it}, g_i)$$
$$+ \beta E\left[\log\left\{\sum_{k=0}^{J+1} \exp[v_k^{MC}(S_{i,\,t+1})]\right\}\,\bigg|\, S_{it},\ d_{it} = j\right]$$

(6-12)

同理，

$$v_j(\bar{S}_{it}) = u(X_{jt}, \xi_{jt}, \bar{Z}_{it}, g_i)$$
$$+ \beta E\left[\log\left\{\sum_{k=0}^{J+1} \exp[v_k^{MC}(S_{i,\,t+1})]\right\}\,\bigg|\, S_{it},\ d_{it} = j\right]$$

(6-13)

式（6-12）和（6-13）表明居住在地点 j 所带来的价值是个体做出居住地选择后获得的全部公共服务和收入等的函数。

（二）动态迁移模型的估计步骤

动态迁移模型的估计分为两个阶段。第一阶段，本章使用居住地点和迁移决策来估计每个地点，每个时期和不同个体类型的终生期望效用。其中，个体类型由个体收入和户口类型组成，用以捕捉个体对我国不同城市偏好这一不可观察特征。第二阶段，基于估计得到的每一期效用值，使用一组可观察到的变量对每一期效用值进行回归分析。为了更好地理解本章的估计结果，本章将采用纳入不可观察异质性因素和不纳入不可观察异质性因素（即模型中不包括 g_i 项）两种策略对动态迁移模型进行估计，并对比两种估计结果。

1. 估计第一阶段：人口居住地和迁移决策

第一阶段的估计主要关注人口迁入地和迁移决策。本章概括了每一期人口面临是否迁移的问题。

（1）人口对迁入地的决策和终生期望效用。

一个个体选择进行迁移时，将会选择使其终生期望效用最大化的城市，并通过最大化值函数（v^{MC}）的具体形式来表示。在迁移中，心理成本 $[PMC(\bar{Z}_{it})]$ 被假定为选择任何一个居住地都是一样的。因此，可以将心理成本当作一个常数，可以直接忽略。那么，每一个选择迁移的个体都会选择使其值函数 $[v_j(\bar{S}_{it}) + \varepsilon_{ijt}]$ 最大化的城市。

依据人口的个体特征（收入和户口类型），本章以 τ 表示个体的类型。由于财务成本会减少个体的财富，而财富根据个体终生平均年收入进行衡量，因此，选择迁移的个体其类型会发生改变。本章将财务成本视为可观察的，且将其设置为从迁出地到迁入地的交通费用。如果类型为 τ 的个体发生了迁移，本章定义其新的类型为 $\bar{\tau}$，表示个体的财富由于支付财务成本(FMC)而发生减少。此外，个体新的个体特征变量和状态特征变量，分别用 $\bar{Z}$ 和 $\bar{S}$ 表示。

当个体 i 的类型为 τ 时，本章令 $v_{jt}^{\tau} = v_j(S_{it})$。而当个体 i 的类型为 $\bar{\tau}$ 时，本章令 $v_{jt}^{\bar{\tau}} = v_j(\bar{S}_{it})$。$v_{jt}^{\bar{\tau}}$ 表示类型为 $\bar{\tau}$ 的个体 i 选择居住地 j 时获得的价值。使 u_{jt}^{τ} 和 $u_{jt}^{\bar{\tau}}$ 分别表示类型为 τ 和 $\bar{\tau}$ 的个体效用。基于此，本章对式（6-12）和（6-13）进行重新表述：

$$v_{jt}^{\tau} = u_{jt}^{\tau} +$$

$$\beta E\left\{\log\left[\begin{array}{l}\exp(v_{j+1,\ t+1}^{\tau_{t+1}}) + \\ \sum_{k=0}^{J}\exp(v_{k,\ t+1}^{\bar{\tau}_{t+1}} - \text{PMC}^{\bar{\tau}_{t+1}})\end{array}\right]\ \bigg|\ S_{it},\ d_{it} = j\right\} \qquad (6-14)$$

$$v_{jt}^{\bar{\tau}} = u_{jt}^{\bar{\tau}} +$$

$$\beta E\left\{\log\left[\begin{array}{l}\exp(v_{j+1,\ t+1}^{\tau_{t+1}}) + \\ \sum_{k=0}^{J}\exp(v_{k,\ t+1}^{\bar{\tau}_{t+1}} - \text{PMC}^{\bar{\tau}_{t+1}})\end{array}\right]\ \bigg|\ \bar{S}_{it},\ d_{it} = j\right\} \qquad (6-15)$$

式中，当 $\tau = \bar{\tau} \Rightarrow v_{jt}^{\tau} = v_{jt}^{\bar{\tau}}$。

当 $\tilde{v}_{jt}^{\bar{\tau}} + \varepsilon_{ijt} > u_{kt}^{\bar{\tau}} + \varepsilon_{ijt}$，$\forall k \neq j$ 时，类型为 $\bar{\tau}$ 的个体 i 将会选择地点 j。当 ε_{ijt} 为独立同分布（I 类型极值分布）时，类型为 $\bar{\tau}$ 的个体在 t 时期选择迁移到 j 地区（城市）的概率可以表示为

$$P_{jt}^{\bar{\tau}} = \frac{e^{\tilde{v}_{jt}^{\bar{\tau}}}}{\sum_{k=1}^{J} e^{\tilde{v}_{kt}^{\bar{\tau}}}} \qquad (6\text{-}16)$$

本章用 $t_{1,i}$ 表示个体 i 选择迁移地点（城市）的时期。一个个体迁移决策的似然函数使用 $L_i^{city}(\tilde{v})$ 表示，其中 $\tilde{v}$ 是全部价值 $\tilde{v}_{jt}^{\bar{\tau}}$ 的向量，具体为

$$L_i^{city}(\tilde{v}) = \prod_{j=1}^{J} (P_{j,\ t_{1i}}^{\bar{\tau}})^{1[d_i,\ t_{1i}=j]} \qquad (6\text{-}17)$$

本章同样关心个体选择异常迁移地点的终生期望效用。因此，t 时期个体选择迁入的地点为异常地点的概率为

$$P_{0t}^{\bar{\tau}} = \frac{e^{\tilde{v}_{0t}^{\bar{\tau}}}}{\sum_{k=0}^{J} e^{\tilde{v}_{kt}^{\bar{\tau}}}} \qquad (6\text{-}18)$$

由于我们有个体的追踪数据，我们可以依据个体迁移时选择异常地点来构造似然函数。令 $t_{2,i}$ 表示个体 i 选择异常地点的时期。异常地点的似然函数 $L_i^{out}(\tilde{v})$ 可以表示为

$$L_i^{out}(\tilde{v}) = P_{0,\ t_{2i}}^{\bar{\tau}}{}^{1[d_i,\ t_{2i}=0]} (1 - P_{0,\ t_{2i}}^{\bar{\tau}})^{1[d_i,\ t_{2i}=\{1,\ \cdots,\ J\}]} \qquad (6\text{-}19)$$

（2）人口迁移决策、迁移成本和财富的边际效用。

由上面的模型可知，我们知道在任何给定的时期，当前居住地的终生期望效用小于迁移到另一个更好的居住地带来的终生期望效用时，个体就会选择迁移。类型为 τ 的个体选择迁移后，其类型转变为新类型 $\bar{\tau}$，而个体在式（6-20）的情况下则会选择不迁移。

$$v_{J+1,\ t}^{\tau} + \varepsilon_{i,\ J+1,\ t} > \max_k(v_{kt}^{\bar{\tau}} + \varepsilon_{ikt}) - PMC^{\bar{\tau}} \qquad (6\text{-}20)$$

由规范化特定选择值函数的定义 $\tilde{v}_{jt}^{\bar{\tau}} = v_j^{\tau} - m^{\tau}$，式（6-20）可重新表示为

$$\tilde{v}_{J+1,\ t}^{\tau} + \varepsilon_{i,\ J+1,\ t} > \max_k(\tilde{v}_{kt}^{\bar{\tau}} + \varepsilon_{ikt}) - (m_t^{\tau} - m_t^{\bar{\tau}}) - PMC^{\bar{\tau}} \qquad (6\text{-}21)$$

其中，$(m_t^{\tau} - m_t^{\bar{\tau}})$ 项是不可观察到的，但是，可以通过类型 τ 的值函数和剔除财务成本后的值函数 $\bar{\tau}$ 的差值估计得到。在实际分析中，本章可以将 $(m_t^{\tau} - m_t^{\bar{\tau}})$ 项参数化为 $\bar{Z}_{it}$ 和 FMC_{it} 的函数，即

$$(m_t^{\tau} - m_t^{\bar{\tau}}) = FMC_{it}\,\gamma_{fmc}^{\bar{\tau}} = FMC_{it}\,\overline{Z}'_{it}\gamma_{fmc}$$

本章将心理成本参数化为

$$PMC_{it} = \overline{Z}'_{it}\gamma_{pmc}$$

一个个体在时期 t 选择不迁移（停留在当前的地点）的概率是

$$P_{stay,\ i,\ t}^{\tau,\ \bar{\tau}} = \frac{e^{\tilde{v}_{j+1,\ t}}}{e^{\tilde{v}_{j+1,\ t}} + \sum_{k=0}^{J} e^{\tilde{v}_{k,\ t}^{\bar{\tau}} - FMC_{it}\gamma_{fmc}^{\bar{\tau}} - \overline{Z}'_{it}\gamma_{pmc}}} \qquad (6-22)$$

每一个个体一系列迁移/停留决策的似然函数 $L_i^{stay}(\tilde{v},\ \gamma_{fmc},\ \gamma_{pmc})$ 的具体形式为

$$L_i^{stay}(\tilde{v},\ \gamma_{fmc},\ \gamma_{pmc}) = \prod_{t=t_{1,\ i+1}}^{t_{1,\ i+T_i}} (P_{stay,\ i,\ t}^{\tau,\ \bar{\tau}})^{1[d_{it}=J+1]} - (1 - P_{stay,\ i,\ t}^{\tau,\ \bar{\tau}})^{1[d_{it}\neq J+1]}$$

$$(6-23)$$

（3）似然函数。

综合地点选择和迁移/停留决策，全对数似然函数可以表示为

$$L(\tilde{v},\ \gamma_{fmc},\ \gamma_{pmc}) =$$

$$\sum_{i=1}^{N} \{ \log[L_i^{city}(\tilde{v})] + \log[L_i^{out}(\tilde{v})] \} + \log[L_i^{stay}(\tilde{v},\ \gamma_{fmc},\ \gamma_{pmc})] \}$$

$$(6-24)$$

通过直接计算 $(\tilde{v},\ \gamma_{fmc},\ \gamma_{pmc})$ 可以得到 L 的最大值。但是直接计算是非常困难的。但对数似然函数具有可分离性，因此，可以先计算 $\tilde{v}$ 使得 $\sum_{i=1}^{N} \{ \log[L_i^{city}(\tilde{v})] + \log(L_i^{out}[\tilde{v}]) \}$ 得到最大化。然后，计算 $(\gamma_{fmc},\ \gamma_{pmc})$，使得 $\sum_{i=1}^{N} \{ \log[L_i^{stay}(\tilde{v},\ \gamma_{fmc},\ \gamma_{pmc})] \}$ 得到最大化。第二步的计算量比较低，因为，$(\gamma_{fmc},\ \gamma_{pmc})$ 的维度低，梯度和海塞矩阵有数值解。同样地，第一步的计算量比较小，因为关于 $\sum_{i=1}^{N} \{ \log[L_i^{city}(\tilde{v})] + \log[L_i^{out}(\tilde{v})] \}$ 的一阶条件有数值解。$\tilde{v}_{jt}^{\tau}$ 数值解的表达式为

$$\hat{v}_{jt}^{\tau} = \log(\hat{p}_{jt}^{\bar{\tau}}) - \frac{1}{J+1}\sum_{k=0}^{J} \log(\hat{p}_{kt}^{\bar{\tau}}) \qquad (6-25)$$

式中，$\hat{p}_{jt}^{\bar{\tau}}$ 表示类型 $\bar{\tau}$ 的个体在 t 时期选择地点 j 的经验概率。

在分析中，本章不是简单地将观察到某一地区迁入人口的比重作为该

地区内迁入人口类型的一个部分。因为，当类型的数量（M）相对于样本数量变大时，会出现小样本问题。鉴于此，本章使用加权度量来避免一些小样本问题。本章使用 $W^{\bar{\tau}}(\bar{Z}_{it})$ 表示权重，观察份额（Inside Choices）的公式为

$$\hat{P}_{jt}^{\bar{\tau}} = \frac{\sum_{i=1}^{N} 1_{[d_{it}=j]} \cdot W^{\bar{\tau}}(\bar{Z}_{it})}{\sum_{i=1}^{N} W^{\bar{\tau}}(\bar{Z}_{it})} \qquad (6\text{-}26)$$

式中，权重是通过 K 核权重乘积进行构造的，其中 K 是 Z 的维度。每个单独的核权重是通过标准正态核（N）形成的。$b_k(\bar{\tau})$ 表示带宽，权重的形式为

$$W^{\bar{\tau}}(\bar{Z}_{it}) = \prod_{k=1}^{K} \frac{1}{b_k(\bar{\tau})} N\left(\frac{\bar{Z}_{it} - \bar{Z}^{\bar{\tau}}}{b_k(\bar{\tau})}\right) \qquad (6\text{-}27)$$

对于异常地点（outside option）比重本章通过计算选择迁入州、地区和盟的个体的比重得到。

本章估计方法的形式为

$$(\hat{\tilde{v}}, \ \gamma_{fmc}, \ \gamma_{pmc}) = \underset{(\tilde{v}, \ \gamma_{fmc}, \ \gamma_{pmc})}{\mathrm{argmax}} \ L(\tilde{v}, \ \gamma_{fmc}, \ \gamma_{pmc}) \qquad (6\text{-}28)$$

约束条件为

$$\hat{P}_{jt}^{\bar{\tau}} = P_{jt}^{\bar{\tau}}(\tilde{v}), \ \forall j \in \{0, \cdots, J\} \qquad (6\text{-}29)$$

在实际计算中，式（6-29）这个约束条件可以得到 $\hat{v}$，其近似表达式为 $\hat{\tilde{v}}_{jt}^{\bar{\tau}} = \log(\hat{P}_{jt}^{\bar{\tau}}) - \frac{1}{J+1} \sum_{k=0}^{J} \log(\hat{\tilde{p}}_{kt}^{\bar{\tau}})$。当 $\hat{v}$ 为已知时，$(\gamma_{fmc}, \ \gamma_{pmc})$ 是最大化 $\sum_{i=1}^{N} \{\log(L_i^{stay}[\hat{v}, \ \gamma_{fmc}, \ \gamma_{pmc})]\}$ 的值，此时，该选择是一个标准的二元 Logit 模型。

一致性分析是较易实现的，只要随着样本增加权重满足 $\hat{P} \to P$，一阶条件收敛和估计方法变成为标准最大似然法。

最后，地点选择的似然函数（L_i^{city}）是基于不可观察因素，初期的迁移决策取决于迁移概率 $P_{jt}^{\bar{\tau}}(j \in \{0, \cdots, J\})$，且迁移概率对于决策选择是不变的。全对数似然函数是由三个可分可加边际对数似然函数组成的，同时，假定不可观察变量 ε_{it} 是相互独立的。

2. 估计第二阶段：每一期效用

第二阶段中，对于每一期效用的估计需要分几个步骤进行：

第一步，本章知道每种类型迁移成本的分布，类型转变的边际价值和效用的均值（$\tilde{v}$）。在第一阶段本章估计方法包括标准化每个个体类型，类型是通过个体特征来定义。一旦本章将具体选择效用均值的财富设置为零，本章只需要知道初始的差异（$m_t^\tau - m_t^\tau$），便可以获得非标准化特定选择的价值函数。因为我们可以估计初始时的差异，所以我们只需要将真实特定选择的价值函数更改为 $v_{jt}^\tau = \tilde{v}_{jt}^\tau + m_{jt}^\tau$。获得初始时的差异非常重要，它将决定一个家庭从额外的财富中获得额外的效用，因此，估计财富的边际效用是估计的关键点。同时，地点选择会影响未来个体的类型，不同类型初始状态的效用差异代表了财富积累的潜在未来效用收益。此外，本章在估计的最后，使用工资的边际价值作为处理工资内生性问题的方法。

（1）估计每期效用。

在第一阶段得到（v，γ_{fmc}，γ_{pmc}），下一步是确定和估计相关转换概率。本章假定个体使用今天的状态直接预测终生效用的价值（v），而不是基于状态变量预测终生效用的价值（v）。由于未来的迁移成本是现在这个时期所选择地点的财务成本的函数，因此，个体需要预测他们目前工资水平和户口类型将如何转变。进一步而言，迁移成本和终生效用都由个体类型得以确定，个体也需要预测他们的类型将如何变化。唯一决定类型变化的内生性因素是财富，因此，本章假定知道终生收入的变化是完全能够反映财富（类型）的变化。那么，本章只需要使用价值（v）、收入和户口类型就可以构建转换概率模型。

在理论上，因为我们有每种类型和地点的时间序列数据，所以本章可以通过类型—地点的组合分别估计终生效用的转换概率。为了提高我们的估计效率，我们施加了一些限制。

在每种类型中，我们可以假设地点的平均效用（v_{jt}^τ），在自回归过程中，其中一些系数在地点中是共同的。为了包含不同的方法和趋势，本章为每种类型在每个地点特定选择的值函数包含一个单独的常量和时间趋势。本章将特定选择值函数（v_{jt}^τ）的转换设定为

$$v_{jt}^\tau = \rho_{0j}^\tau + \sum_{l=1}^L \rho_{1l}^\tau v_{j,\,t-l}^\tau + \sum_{l=1}^L X_{j,\,t-l}^{'} \times \rho_{2,\,l}^\tau + \rho_{3,\,j}^\tau t + \omega_{jt}^\tau \quad (6\text{-}30)$$

式中，X_{jt} 中包含随时间变化的城市特征，主要包括教育、医疗和文化

公共服务指数。滞后值函数也包括在解释变量中，隐含地允许转换概率作为不可观察地点属性的一个函数。

本章还需要制定终生收入的变化以确定特定类型的转换概率。城市职工工资是地点特征 X 的变量之一，本章根据收入水平估计转换概率。

$$inc_{jt} = \delta_{0j} + \sum_{l=1}^{L} X'_{j,\ t-l} \times \delta_{2j} + \delta_{3j}\ t + \varpi_{jt}^{\tau} \tag{6-31}$$

考虑到这些转换概率，估计类型和财富的转换概率就比较简单了。在这两种情况下，本章使用两个滞后的被解释变量 v_{jt}^{τ}、inc_{jt}^{τ}，以及 X 中的两个滞后的外生变量。得到 v、PMC 和转换概率后，本章可以计算每种类型和地点（u_{jt}^{τ}）的平均变动效用。

$$u_{jt}^{\tau} = v_{jt}^{\tau} - \beta E \left\{ \log \left[\frac{\exp(v_{j+1,\ t+1}^{\tau_{t+1}}) +}{\sum_{k=0}^{J} \exp(v_{j+1,\ t+1}^{\bar{\tau}_{t+1}} - PMC^{\bar{\tau}_{t+1}})} \right] \Bigg|_{S_{it,}\ d_{it}=j} \right\} \tag{6-32}$$

式中，在实际分析中，S 包括式（6-30）和（6-31）右边的全部变量，β 等于 0.95。

对于每一种类型 τ、地点 j 和时间 t，因已有必要的信息可以模拟式（6-32）右边的期望，故本章根据他们的分布从 $v_{j,\ t+1}$ 和 $inc_{j,\ t+1}$ 中进行抽样。具体地，使用 r 来索引随机抽样，通过估计式（6-30）、式（6-31）获得误差的经验分布和当前状态的观测值的抽样来得到每个 $v_{j,\ t+1}(r)$ 和 $inc_{j,\ t+1}(r)$。对 $inc_{j,\ t+1}$ 的抽样使用的是 τ_{t+1} 和 $MC_{j,\ t+1}^{\tau_{t+1}}$。对于每个抽样 r，可以通过式（6-32）计算每期的效用 $u_{jt}^{\tau}(r)$。u_{jt}^{τ} 的模拟结果是通过计算 $\frac{1}{R}\sum_{r=1}^{R} u_{jt}^{\tau}(r)$ 得到的。

（2）分解每期效用。

一旦得到平均每一期的效用，我们可以将其分解为城市公共服务特征（X_{jt}）的函数。在下面的回归中，将 ξ_{jt}^{τ} 设定为误差项。

$$u_{jt}^{\tau} = \alpha_0^{\tau} + \alpha_c^{\tau} + \alpha_t^{\tau} + X'_{jt}\alpha_x^{\tau} + \xi_{jt}^{\tau} \tag{6-33}$$

在本章的模型中，特定选择的不可观察部分被当作以同样方式影响全部个体的效用。在本章的计算中，我们允许不同个体（基于可观察的人口统计特征）以不同的方式查看不可观察的部分，因此，上标"τ"在 ξ_{jt}^{τ} 中。除了已经提到的地点特征，本章还包括了类型（τ）、城市（c）和年份（t）。

原则上，本章可以为每种类型（τ）分别分解效用。在实践中，我们假定 α_c^τ，α_t^τ，α_x^τ 对于全部的类型（τ）都是一样的，并且对 α_0^τ 和 ξ_{jt}^τ 是没有限制的。

3. 估计第三阶段：不可观察的地区偏好

本章构建了一种描述地区偏好的个体不可观察的异质性模型。这些可以得到居住地点给予的永久性局部地区特征，在本章可观察的数据集中无法观察到，因此本章参考相关政策对我国各省份的区域划分，我们将我国的城市划分到东、中、西三个地区。

具体而言，基于个体的不可观察类型，本章允许个体对地区内的子区域有偏好。个体不可观察类型表示为 $g_i \in \{1, 2, 3\}$，其中，$g_i = 1$ 表示个体偏好西部地区城市，$g_i = 2$ 表示个体偏好中部地区城市，$g_i = 3$ 表示个体偏好东部地区城市。个体属于特定类型的相应事前概率分别为 $\{\pi_1, \pi_2, \pi_3\}$。类似地，地点 j 所在的子区域由 $G_j \in \{1, 2, 3\}$ 表示，其中，$G_j = 1$ 表示地点 j 在西部地区；$G_j = 2$ 表示地点 j 在中部地区；$G_j = 3$ 表示地点 j 在东部地区。

本章选择子区域的依据是国家统计局《2014 年国民经济和社会发展统计公报》对我国东中西部地区的划分。将不可观察的地理异质性引入到模型中的一个优点是，它有助于更恰当地定义个体在决定是否迁移时所考虑的主要城市选择集。也就是说我国内陆区域的大城市不太可能成为有吸引力的选择，即使他们看起来有一定的公共设施或偏低的价格。

这个增加的偏好导致了上述估计方法的第一阶段发生了变化。本章将值函数参数化为 $\upsilon_{jt}^{\tau, g} = \upsilon_{jt}^\tau + \varphi\, 1_{[G_j = g]}$，并且（$\upsilon_{jt}^{\bar{\tau}, g} = \upsilon_{jt}^{\bar{\tau}} + \varphi\, 1_{[G_j = g]}$）。也就是说，每个个体类型（$\tau$, g）居住在给定地点得到的终生期望效用由两部分组成：共同部分（υ_{jt}^τ），任意类型（τ）居住在某个特定地点；额外部分（φ），只有当个体居住在其偏好的地点时才能获得。

使用 $\upsilon_{jt}^{\tau, g}$ 这种设定，本章可以定义不可观测的特定类型的选择概率（$P_{jt}^{\bar{\tau}, g}$，$P_{0t}^{\bar{\tau}, g}$，$P_{stay,\, i,\, t}^{\tau,\, \tau,\, g}$）和不可观测的特定类型的似然函数 $[L_{ig}^{city}(\tilde{\upsilon}, \varphi)$，$L_{ig}^{out}(\tilde{\upsilon}, \varphi)$，$L_{ig}^{stay}(\tilde{\upsilon}, \varphi, \gamma_{fmc}, \gamma_{pmc})]$。

与前面的分析一样，地点选择决策的似然函数（L_i^{city}）取决于不可观察的初期迁移决策。现在，加入了不可观察的地区偏好，需要做了一些假设。异质性偏好的条件独立性假设：

$$\text{Prob}(g_i = g \,|\, d_{i,\,t_{1i}} \in \{1,\,\cdots J\},\; S_{i,\,-g}) = \text{Prob}(g_i = g \,|\, S_{i,\,-g}) = \pi_g$$

$$(6\text{-}35)$$

也就是说，本章假定一个个体属于给定类型的概率，假设他迁移并定居在国内的某个城市，则与该类型的无条件概率相同。

全对数似然函数是每个个体的对数似然函数之和，其中个体的似然函数是个体未观察到的特定类型对所有观察到的决策的加权之和。

$$L(\tilde{\nu},\; \varphi,\; \gamma_{fmc},\; \gamma_{pmc},\; \pi) =$$

$$\sum_{i=1}^{N} \log \Big[\sum_{g=1}^{3} \pi_g\, L_{ig}^{city}(\tilde{\nu},\; \varphi)\, L_{ig}^{out}(\tilde{\nu},\; \varphi)\, L_{ig}^{stay}(\tilde{\nu},\; \varphi,\; \gamma_{fmc},\; \gamma_{pmc}) \Big] \quad (6\text{-}36)$$

不可观察的异质性估计值为

$$(\tilde{\nu},\; \varphi,\; \gamma_{fmc},\; \gamma_{pmc},\; \pi) = \underset{(\tilde{\nu},\; \varphi,\; \gamma_{fmc},\; \gamma_{pmc},\; \pi)}{\text{argmax}} L(\tilde{\nu},\; \gamma_{fmc},\; \gamma_{pmc},\; \pi)$$

$$(6\text{-}37)$$

约束条件为

$$\hat{P}_{jt}^{\tau} = \sum_{g=1}^{3} \pi_g\, P_{j,\,t}^{\bar{\tau},\,g}(\tilde{\nu},\; \varphi),\quad \forall j \in \{1,\,\cdots,\,J\} \qquad (6\text{-}38)$$

尽管估计没有在不考虑不可观察异质性情况下那么简单，但是也是相对容易的。随着未观察到的异质性偏好的增加，观察结果随着时间的推移不是独立的，并且对数似然函数 (L^{city})（L^{out}）和 (L^{stay}) 也不具有可分可加性，因此无法顺序进行估计。当寻找使得 L 最大化的参数时，通过猜测 (γ_{fmc}，γ_{pmc}，π) 和一个压缩映射的方法可以找到对应最优的向量 ($\tilde{\nu}$)。贝里（Berry，1994）给出的压缩映射形式为

$$\tilde{\nu}_t^{\bar{\tau},\,r+1} = \tilde{\nu}_t^{\bar{\tau},\,r} + \log(\hat{P}_t^{\tau}) - \log\Big(\sum_{g=1}^{3} \pi_g\, P_t^{\bar{\tau},\,g}(\tilde{\nu}_t^{\bar{\tau},\,r},\; \varphi) \Big) \qquad (6\text{-}39)$$

本章数据的两大特征可用帮助我们识别 φ 和 π。假设个体将根据可观察的特征从特定子区域的地点获得低的价值。如果我们观察到一个个体选择了某个子区域，我们推断这个地点有较高的不可观察的地区偏好。进一步地，如果一个个体从来没有发生过迁移，我们推断他对这个地点有非常高的偏好。如果大量这种类型的个体被观察到，这意味着 φ 有较高的值。在确定 π 时，给定 (φ，γ_{fmc}，γ_{pmc}，$\tilde{\nu}$) 的情况下，如果个体更可能选择给定的初始子区域或者不愿意离开给定的子区域，这将使得该子区域有一个较高的 π。

第四节　人口动态迁移特征事实

个体出生以后，部分个体发生首次迁移。接着，迁移群体中部分群体会在新的城市定居；而其他群体会发生再次迁移，且再次迁移分为两种情况：再次迁出现在居住城市；或回流到出生地（家乡）所在城市。之后，回流到家乡的群体或迁入到第 2 个城市的群体可能还会发生第 3 次迁移。如此，构成生命历程中我国人口动态迁移过程（王子成，赵忠，2013）。

统计分析显示，1995—2014 年人口动态迁移在时间上可以从 2005 年将其分为两个时间长度相近的阶段，即 1995—2005 年和 2006—2014 年两个阶段。同时，通过对我国人口迁移政策的梳理，我们同样发现在 2005 年前后我国人口迁移政策对迁移人口公共服务获得的重视程度具有显著差异。具体上，2005 年之前，人口迁移政策的核心是破除人口迁移的障碍和就业限制，对迁移人口是否能够获得平等的公共服务关注较少。2005 年之后，除了持续强调破除人口迁移的制度性障碍之外，更加强调保障外来迁移人口能获得平等的城市公共服务（见第三章的表 3–1）。鉴于此，本章将首先对 1995—2014 年整个时期公共服务与人口动态迁移的关系进行探讨。其次，本章将分别探讨两个时期（1995—2005 年和 2006—2014 年）公共服务与人口动态迁移的关系，并进行对比分析。

一、人口动态迁移区域特征

从迁入城市的类型来看（见表 6–4），在人口动态迁移的过程中迁入省会城市的人口比重逐步提高，由 41.87% 增加到 47.45%。在城市级别上，首次迁移的主要迁入城市是我国的一线和二线城市，占比约为 51%，其次是四线城市和三线城市；人口再迁移的主要迁入城市依旧是我国的一线和二线城市，占比约为 55%。在区域类型上，首次迁移的主要迁入地是东部地区的城市，其次是西部和中部地区城市；人口再次迁移的主要迁入地依旧是东部地区城市。在城市群分布上，人口动态迁移过程中迁入京津冀、长三角等城市群体的人口比重显著提高。由此可见，东部地区的超大和特大城市以及城市群是我国人口动态迁移的主要迁入城市。换言之，我国人口动态迁移过程中，对迁移城市的地区分布具有显著的偏好。

表 6-4 人口动态迁移的区域特征

分类	首次迁移	再迁移
非省会城市/%	58.13	52.55
省会城市/%	41.87	47.45
一线城市/%	18.58	22.63
二线城市/%	32.61	33.09
三线城市/%	14.47	12.65
四线城市/%	34.34	31.63
东部地区/%	51.98	54.74
中部地区/%	14.18	15.34
西部地区/%	25.17	23.11
东北地区/%	8.67	6.81
长三角城市群/%	10.26	10.95
京津冀城市群/%	16.40	19.22
粤港澳城市群/%	13.03	13.38
其他城市群/%	60.31	56.45
样本数	1 923	391

注：东、中、西部省份的划分依据是《中华人民共和国国民经济和社会发展第七个五年计划》《2014 年国民经济和社会发展统计公报》和《国务院关于实施西部大开发若干政策措施的通知》。其中，西部省份包括重庆、四川、贵州、云南、西藏、陕西、甘肃、宁夏、青海、新疆、内蒙古和广西 12 个省份；中部省份包括山西、吉林、黑龙江、安徽、江西、河南、湖北和湖南 8 个省份；东部省份包括北京、天津、河北、辽宁、上海、江苏、浙江、福建、山东、广东和海南 11 个省份。一、二、三、四线城市的划分参考《国务院关于调整城市规模划分标准的通知》，以城区常住人口数进行划分。其中，北京、上海、广州、深圳 4 个城市为一线城市；天津、成都、苏州、东莞和无锡等 34 个城市为二线城市；温州、佛山等 51 个城市为三线城市；其余城市为四线城市。

二、人口动态迁移原因特征

就业、照顾家人和家属随迁是首次迁移和再次迁移的主要原因（见表6-5）。婚姻在首次迁移的原因中占比较大，返乡和就业是再次迁移的主要原因。男性、农业户口、高中及以下文化程度和 20 世纪 50 年代—60 年代出生群体首次迁移的主要原因是就业；女性、非农户口和 20 世纪 40 年代出生群体首次迁移的主要原因是就业、婚姻和照顾家人。男性、农业户口、高中及以下文化程度、20 世纪 50 年代—60 年代出生群体因就业和返乡而再次迁移的比例较大。

表 6-5　人口动态迁移原因

	类别	异地工作	返乡	婚姻	家属随迁	其他
整体 /%	首次迁移	61.84	0	10.36	14.32	13.48
	再迁移	31.28	31.96	2.34	12.23	22.19
男性 /%	首次迁移	76.63	0	1.64	7.91	13.82
	再迁移	37.6	34.28	1.19	6.05	20.88
女性 /%	首次迁移	44.12	0	20.81	22	13.07
	再迁移	22.55	28.76	3.92	20.75	24.02
非农户口 /%	首次迁移	41.67	0	12.29	19.38	26.66
	再迁移	26.41	17.21	2.97	16.02	37.39
农业户口 /%	首次迁移	68.14	0	9.75	12.74	9.37
	再迁移	32.74	36.4	2.15	11.09	17.62
小学及以下 /%	首次迁移	63.13	0	11.13	15.55	10.19
	再迁移	28.38	37.73	1.28	13.74	18.87
初中 /%	首次迁移	69.4	0	9.37	9.81	11.42
	再迁移	38.81	30.6	2.46	7.6	20.53
高中 /%	首次迁移	65.13	0	6.88	12.85	15.14
	再迁移	32.1	33.33	3.09	12.35	19.13
大中专及以上/%	首次迁移	41.05	0	9.7	17.17	32.08
	再迁移	23.3	18.45	3.88	11.65	42.72
20 世纪40 年代 /%	首次迁移	39.16	0	10.49	30.77	19.58
	再迁移	18.5	29	0.5	18.5	33.5
20 世纪50 年代 /%	首次迁移	54.85	0	6.88	21.69	16.58
	再迁移	28.54	32.75	1.49	14.64	22.58
20 世纪60 年代 /%	首次迁移	70.82	0	12.02	6.7	10.46
	再迁移	35.57	32.28	3.17	9.63	19.35

注：异地工作包括一般性的就业和参军。其他包括整村搬迁和购房等。

基于我国人口动态迁移特征的分析，不难发现，我国人口迁移呈现出显著的动态特征，然而大量的研究都是基于静态分析视角展开的。同时，在人口动态迁移的过程中个体的收入、户口类型和所居城市的公共服务水平等状态特征变量都在发生变化。因此，公共服务对个体动态迁移决策的影响对于不同时期的迁移其影响应该是不同的。此外，本章还发现我国人口迁移在区域上具有显著的聚集性，即人口动态迁移的地区偏好明显。综上可知，针对公共服务与人口动态迁移的研究，应该从动态分析的视角从发，并纳入个体迁移区域偏好等因素的情况下逐步展开。鉴于此，接下来的章节中我们首先基于静态分析方法，将动态迁移分解为首次迁移和再迁移分别展开研究；接着，将人口动态迁移纳入一个动态分析框架，从动态分析视角对公共服务与人口动态迁移的关系展开研究。

第五节　静态模型实证结果

一、基准结果

表6-6展示了使用模型（6-3）得到的估计结果，为了使得结果直观且易于理解，本章汇报了教育、医疗和文化公共服务对我国人口动态迁移的边际效应。列（1）和列（3）展示的是不控制城市其他特征和省份固定效应时，公共服务对人口动态迁移的估计结果；列（2）和列（4）展示的是控制了城市其他特征和省份固定效应的估计结果。

列（1）显示，只纳入教育、医疗和文化公共服务变量时，公共服务对生命历程中人口的首次迁移具有显著的正向影响；平均来看，教育、医疗和文化公共服务水平每提高1个单位，外来人口迁入该城市的概率将提高2%、4.9%和1.6%。列（3）显示，只纳入教育、医疗和文化公共服务变量时，公共服务对生命历程中人口的再迁移具有显著的正向影响；平均来看，教育、医疗和文化公共服务水平每提高1个单位，外来人口迁入该城市的概率将提高1.8%、4.5%和1.7%。

列（2）显示，当纳入城市其他特征等控制变量后，教育、医疗和文化对生命历程中人口首次迁移的正向影响依旧显著。平均来看，教育、医疗和文化公共服务水平分别提高1个单位，外来人口迁入该城市的概率将分别提高18.9%、18.2%和11.9%。列（4）显示，对于生命历程中再次迁移，城市的教育和医疗公共服务水平分别提高 1 个单位，外来人口迁入该城市的概率将分别提高 27.8% 和 35.2%。这表明，教育、医疗和文化公共服务对生命历程中我国人口动态迁移具有显著的正向影响。换言之，当某个城市的公共服务水平越高，外来人口选择迁入该城市的概率越大。

表 6-6　公共服务与人口动态迁移：基准分析结果

变量	首次迁移（1）	首次迁移（2）	再迁移（3）	再迁移（4）
教育公共服务	0.020***	0.189***	0.018***	0.278**
	(0.001)	(0.054)	(0.002)	(0.110)
医疗公共服务	0.049***	0.182***	0.045***	0.352***
	(0.001)	(0.047)	(0.002)	(0.109)
文化公共服务	0.016***	0.119***	0.017***	-0.107
	(0.001)	(0.025)	(0.003)	(0.132)
职工工资		-0.000		0.000
		(0.000)		(0.000)
人口密度		0.000*		0.001**
		(0.000)		(0.000)
失业率		-0.079***		-0.044
		(0.023)		(0.060)
人均 GDP		-0.000**		-0.000*
		(0.000)		(0.000)
第三产业占比		-0.013***		-0.014**
		(0.004)		(0.007)
人均固定资产投资		-0.000		0.000
		(0.000)		(0.000)
跨省迁移		-2.198***		-2.492***
		(0.469)		(0.591)
邮局数量		0.000***		0.001**
		(0.000)		(0.000)
城市绿化率		0.139***		-0.099
		(0.039)		(0.100)
省份固定效应	不控制	控制	不控制	控制
伪 R^2 值	0.082	0.303	0.107	0.254

表6-6(续)

变量	首次迁移 (1)	首次迁移 (2)	再迁移 (3)	再迁移 (4)
观察点数量	548 055	548 055	111 435	111 435
样本数	1 923	1 923	391	391

注：括号内为稳健标准误。*、** 和 *** 分别表示 10%、5% 和 1% 统计水平。

基于个体某个时点上迁移行为的研究显示，教育和医疗服务能够显著吸引外来劳动力迁入（杨义武，林万龙，张莉琴，2017；刘金凤，魏后凯，2019），并且教育和医疗服务对吸引外来劳动力的作用是基本相当的（夏怡然，陆铭，2015）。本章的结果也显示，对于个体生命历程中的首次迁移而言，教育和医疗公共服务具有显著的正向作用，并且正向作用相近（约为 18%）。值得注意的是，本章还发现对于个体生命历程中的再迁移而言，教育和医疗公共服务的正向作用依旧存在，并且有增强的趋势。

除了公共服务以外，城市的其他特征也会显著影响生命历程中我国人口的动态迁移。具体地，城市人口密度对我国人口动态迁移有显著的正向影响。这说明，城市人口密度越高的城市越能够吸引外来人口迁入。此外，城市失业率对我国人口动态迁移具有显著的负向影响。外来人口迁入城市首先要能够实现稳定就业。失业率较高的城市无法保障外来人口获得稳定的就业，因此外来人口迁入的概率会显著降低。第三产业从业人口占比对人口动态迁移具有显著的负向影响。可能的原因是，长期以来我国大量的迁移人口是以乡城迁移人口为主，并且迁入到城市的农村劳动力主要从事的建筑业和制造业等第二产业，因此，第三产业从业人口占比越高的城市对吸引外来人口迁入并未表现出正向影响。此外，城市环境对外来人口迁入城市具有显著的正向作用。综上可知，人口密度、城市环境质量等对生命历程中外来人口动态选择迁入城市都有显著的正向影响，这与孙伟增、张晓楠和郑思齐（2019）等的研究是基本一致的。

二、稳健性分析

首先，使用条件 Logit 模型的前提是满足无关独立性假设（independence of irrelevant alternatives assumptions，IIA）。该假设要求任意两个选项发生概率比和其他选项的存在无关。在本章中，满足无关独立性假设指的是相对于城市 B，个体选择迁入城市 A 的概率与可供选择的其他城市无关。因此，若满足无关独立性假设，那么任意去掉某一个可供选择城市的估计结果，与未去掉之前的估计结果应该是一致的（何炜，2020）。鉴于此，本章使用 Hausman-McFadden 检验对条件 Logit 模型无关独立性假设进行检验，结果显示卡方值在 0 ~ 0.002，不能拒绝"系数没有系统性差异的原假设"。这说明本章使用的条件 Logit 模型满足 IIA 假设。对于迁移时间在 1995—2005 年的样本，其可供选择城市的公共服务以 1995—2005 年均值赋值；对于 2006—2014 年迁移样本的城市公共服务以 2006—2014 年均值赋值。此时，由于可供选择城市的公共服务等数据缺失，可供选择的城市缩减为 280 个。表 6-7 列（1）和列（2）的结果与基准分析结果是基本一致。这说明，在任意缩减可供选择的城市后，教育和医疗公共服务的正向影响依旧存在。因此，这再次证明本章中的 IIA 假设是成立的。

表 6-7　公共服务与人口动态迁移：稳健性分析

变量	分期赋值		缺失数据插补	
	首次迁移	再迁移	首次迁移	再迁移
	（1）	（2）	（3）	（4）
教育公共服务	0.240***	0.573***	0.227***	0.247**
	(0.086)	(0.190)	(0.050)	(0.104)
医疗公共服务	0.212***	0.310**	0.191***	0.288***
	(0.063)	(0.117)	(0.040)	(0.095)
文化公共服务	0.057	−0.084	0.152***	−0.092
	(0.067)	(0.170)	(0.036)	(0.122)
伪 R^2 值	0.311	0.247	0.303	0.250
观察点数量	221 480	59 640	548 055	111 435
样本数	791	213	1 923	391
变量	迁移定义调整		调整抽样权重	
	首次迁移	再迁移	首次迁移	再迁移
	（5）	（6）	（7）	（8）
教育公共服务	0.221***	0.236**	0.198***	0.192***
	(0.077)	(0.105)	(0.001)	(0.001)
医疗公共服务	0.211***	0.325***	0.164***	0.223***
	(0.066)	(0.110)	(0.001)	(0.001)

表 6-7（续）

变量	迁移定义调整		调整抽样权重	
	首次迁移	再迁移	首次迁移	再迁移
	（5）	（6）	（7）·	（8）
文化公共服务	0.028	−0.106	0.134***	−0.077
	（0.032）	（0.139）	（0.001）	（0.083）
伪 R² 值	0.264	0.249	0.364	0.384
观察点数量	407 835	97 755	434 148	87 516
样本数	1 431	343	1 518	306

注：括号内为稳健标准误。*、** 和 *** 分别表示 10%、5% 和 1% 统计水平。表中各列的回归结果均是在控制了人均 GDP、人口密度等城市特征变量和省份固定效应后计算得到。分期赋值是指：1995—2005 年发生迁移的样本其公共服务变量的数值使用 1995—2005 年的均值；2006—2014 年发生迁移的样本其公共服务变量的数值使用 2006—2014 年的均值。分期赋值后可供选择的迁入城市数量为 280 个。

其次，从数据缺失的角度来看，本章使用线性插补的方法对缺失数据进行补充。列（3）和列（4）展示了基于插补数据的分析结果。可以发现，教育、医疗和文化公共服务对于生命历程中首次迁移依旧存在显著的正向影响。对于生命历程中的再次迁移而言，教育和医疗公共服务的正向影响有所增强。这证明本章基准分析结果是稳健的。

再次，本章通过调整迁移的定义，将迁移定义为跨市迁移且连续居住6 个月以上，即剔除之前市内跨县（区、市）迁移且连续居住 6 个月以上的样本。列（5）和列（6）的实证结果再次验证了本章基准分析的结论。

此外，由于中国健康与养老追踪调查—生命历程调查数据采用的是按概率比例（PPS）抽样。为了使得抽样调查中每个样本所代表的总体是相同的，从而保证总体推断是可靠的。因此，本章考虑了抽样的个体权重，调整了个体抽样权重，列（7）和列（8）显示公共服务对人口动态迁移仍旧具有显著的正向影响。这再次印证了本章基准分析结果的稳健性。

最后，本章进一步从公共服务替代变量的角度对本章基准分析结果的稳健性进行检验。关于我国城市公共服务或者以城市公共服务为核心的城市生活质量的排名是比较多的。从发布的持续性和影响力来看，倪鹏飞主编的《中国城市竞争力报告》在国内具有较强的持续性（从 2003 年开始发布，一直到持续到 2020 年）和影响力。倪鹏飞主编的 2009 年《中国城市竞争力报告 No. 7》中为了反映我国城市居民享受公共服务水平的高低，以城市人均财政收入为核心对我国 200 多个地级市的城市居民生活质量进行了测算（倪鹏飞，2009）。基于数据的可获得性和替换指标与公共服务指标的相关性，本章主要使用 2009 年《中国城市竞争力报告 No. 7》中测算的城市生活质量指数作为公共服务的替代变量，进而从城市生活质量的角度探讨生命历程中公共服务与人口动态迁移的关系。从表 6-8 列（1）和列（2）的结果可以发现，对于个体生命历程中的首次迁移和再迁移而言，城市生活质量对其都有显著的正向影响。这印证了本章基准分析结果的稳健性。

对于城市生活质量指数的测算，史铁、朱文章和傅十和（2021）提出了一个指标体系更加全面的城市生活质量指数。除了包括传统上对城市公共服务测算的指标，如医疗床位数、普通高校数量、中小学师生比、剧场、影院数和建成区绿化覆盖率以外，还纳入了气温指数、日照时数、降水量和 PM2.5 浓度，等等。以该指标体系测算出的城市生活质量既能有效地表征城市公共服务水平，又能对城市公共服务水平进行有效的补充。鉴于此，本章使用史铁、朱文章和傅十和（2021）测算的城市生活质量指数作为本书城市公共服务的替代变量。对生命历程中公共服务与人口动态迁移的关系进行研究。列（3）和列（4）显示，城市生活质量对生命历程中首次迁移和再迁移都存在显著的正向影响。这也间接地证明了本章基准分析结果的稳健性。

范剑勇、周梦天和王之（2021）从一个较新的视角对城市生活质量指数进行了测算。他们认为城市环境、文化氛围和公共服务质量越高，那么人们愿意为居住在该城市而支付更高的居住成本或忍受相对较低的工资水平。因此，他们以工资在家庭总收入中占比和住房支出占比为核心构建了城市生活质量指数测算公式；以企业劳动力成本占比和企业用地成本占比为核心构建了城市商业质量指数测算公式。测算出了我国 2000 年和 2010 年两个时点的城市生活质量指数和商业质量指数。城市生活质量和城市商业质量是生活便利性和工作可得性的直接体现。因此，范剑勇、周梦天和王之（2021）所测算出的城市生活质量指数在原理上与本书城市公共服务水平的测算是一致的。鉴于此，本章首先使用范剑勇、周梦天和王之（2021）测算的城市生活质量指数作为本书中城市公共服务变量的替代变量，验证本章基准分析的稳健性。此外，本章将进一步探讨城市商业质量指数与生命历程中人口动态迁移的关系，进而拓展本章的研究结论。列（5）和列（6）的结果表明，城市生活质量对生命历程中人口动态迁移具有正向影响，这证明了本章基准分析结果的稳健性。城市商业质量对生命历程中人口动态迁移同样具有正向影响，但未通过统计检验。通过对样本中动态迁移群体平均年龄的计算，我们发现动态迁移群体的平均年龄约为48岁，处于生命历程的中年时期，且接近退休年龄。刘和沈（Liu & Shen，2014）与陈和罗森塔尔（Chen & Rosenthal，2008）的研究显示，城市生活质量（医疗公共服务）对50～64岁的群体具有显著的正向影响。由此可见，本章基准分析的研究结论与已有研究是基本一致的。这也再次说明本章基准分析结果是稳健的。

表6-8　基于其他研究结果的替换分析

变量	倪鹏飞（2008）的数据		史铁、朱文章和傅十和（2021）的数据		范剑勇、周梦天和王之（2021）的数据	
	首次迁移	再迁移	首次迁移	再迁移	首次迁移	再迁移
	（1）	（2）	（3）	（4）	（5）	（6）
城市生活质量	0.298***	0.155	0.246***	0.163*	0.213***	0.017
	(0.054)	(0.099)	(0.040)	(0.092)	(0.058)	(0.104)
城市商业环境					0.119	0.379
					(0.198)	(0.388)
控制变量	控制	控制	控制	控制	控制	控制
省份固定效应	控制	控制	控制	控制	控制	控制
伪R2值	0.311	0.234	0.297	0.245	0.307	0.241
观察点数量	237 808	45 257	548 055	111 435	220 360	59 360
样本数	1 424	271	1 923	391	787	212

注：括号内为稳健标准误。*、** 和 *** 分别表示10%、5%和1%统计水平。控制变量主要包括个体的人均GDP、人口密度等。由于倪鹏飞（2008），史铁、朱文章和傅十和（2021），以及范剑勇、周梦天和王之（2021）计算的城市生活质量和城市商业环境指数在数量级上存在明显差异。因此，本章将城市生活质量和城市商业环境指数进行标准化处理，使得回归系数具有可比性。

三、内生性分析

基准分析中尽管已经控制了很多城市层面的特征变量，但是城市公共服务的内生性问题依旧存在。鉴于此，本章依次使用滞后一期（1994年）

的城市公共服务水平、城市夜间灯光强度（1995—2013年均值）和城市气温指数（1995—2014年）作为当期（1995—2014年均值）城市公共服务的工具变量。

首先，滞后一期（1994年）的公共服务和当期（1995—2014年）的公共服务紧密相关，但对当期的人口迁移没有直接影响，并且在控制了当期公共服务水平后，就不再影响人口的动态迁移决策。教育、医疗和文化公共服务对滞后一期（1994年）公共服务水平的回归结果显示，二者呈现出显著的正相关关系。这表明，滞后一期的公共服务水平越高，当期的公共服务水平也会越好。

其次，城市夜间灯光强度能够较好地衡量城市的经济发展水平，进而反映出一个城市的公共服务水平。夜间灯光强度较强的城市，通常都具有较高的经济发展水平，也往往拥有较高的公共服务水平。反之亦然。因此，本章基于美国国家海洋和大气管理局公布的1995—2013年全球夜间灯光影像数据，经过Arcgis10.2处理和校准后得到我国278个地级市的夜间灯光强度数据。通过教育、医疗和文化公共服务与我国城市夜间灯光强度的回归分析发现，二者呈现显著的正相关关系。这说明，夜间灯光强度数据越大的城市其公共服务水平越高。

最后，本章采用气温指数作为城市公共服务的工具变量。之所以采用气温指数作为城市公共服务的工具变量，主要是基于史铁、朱文章和傅十和（2021）对我国城市生活质量的研究。具体上，史铁、朱文章和傅十和（2021）基于气温指数、降水量、日照时数和PM2.5浓度构造出城市气候指数；基于普通高校数、医疗床位数等构造出城市特征指数。通过对两种指数的相关性检验发现，气候指数与城市特征指数存在正相关关系。由此可见，一个气候适宜的城市往往拥有较好的公共服务。受此启发，参考史铁、朱文章和傅十和（2021），郑思齐、符育明和任荣荣（2011）以及郑等人（Zheng et al.，2008）的做法，本章利用267个地级市1995—2014年的最高和最低气温，构造出267个地级市的气温指数。通过教育、医疗和文化公共服务对气温指数的回归分析发现，二者呈现显著的负相关关系。这说明，一个城市的气温指数越小，这个城市的气候越适宜，那么这个城市越有可能拥有较高的公共服务。

具体上，气温指数的计算公式如下：

$$气温指数 = \sqrt{(Temp_{max}^{lowest} - Temp^{lowest})^2 + (Temp^{highest} - Temp_{min}^{highest})^2} \quad (6-40)$$

式中，Temp^{highest}和Temp^{lowest}分别表示 267 个地级市 1995—2014 年最高的和最低的年平均气温。

Temp$^{lowest}_{max}$和Temp$^{highest}_{min}$分别表示 267 个地级市 1995—2014 年的最低年平均气温的最大值和最高年平均气温的最小值。

表 6-9 报告了使用条件 Logit 和工具变量的估计结果。第一阶段的回归结果显示，滞后一期（1994 年）公共服务和城市夜间灯光强度与当期公共服务水平的系数为正，且在 10% 的统计水平上显著。城市气温指数与当期公共服务水平的系数为负，且在 10% 的统计水平上显著，这与理论预测的符号相符合。同时，第一阶段的 F 统计量大于 12.83（Stock et al., 2002）。因此，可以排除弱工具变量的可能性。第二阶段的回归结果显示，生命历程中的首次迁移受到教育、医疗和文化公共服务的正向影响；而再次迁移时则主要受到教育和医疗公共服务的正向影响。与基准回归结果相比，使用条件 Logit 和工具变量估计出的城市公共服务对人口动态迁移的影响更大。

表 6-9　公共服务与人口动态迁移：工具变量估计

变量	第一阶段回归		
	教育公共服务	医疗公共服务	文化公共服务
	（1）	（2）	（3）
公共服务滞后一期值	0.633 ***	0.343 ***	0.686 ***
	（0.080）	（0.092）	（0.134）
灯光强度	0.048 ***	0.045 **	0.035 *
	（0.003）	（0.031）	（0.057）
气温指数	−0.050 ***	−0.058 ***	−0.025 *
	（0.012）	（0.007）	（0.012）
控制变量	控制	控制	控制
第一阶段 F 值	18.75	28.43	17.94

表 6-9（续）

变量	第二阶段回归					
	工具变量：公共服务滞后一期值		工具变量：灯光强度		工具变量：气温指数	
	首次迁移	再迁移	首次迁移	再迁移	首次迁移	再迁移
	（4）	（5）	（6）	（7）	（8）	（9）
教育公共服务	0.270***	0.465***	0.161***	0.414***	0.563***	0.564***
	（0.059）	（0.079）	（0.050）	（0.135）	（0.093）	（0.166）
医疗公共服务	0.231***	0.189*	0.434***	0.230**	0.616***	0.317***
	（0.048）	（0.111）	（0.061）	（0.104）	（0.078）	（0.121）
文化公共服务	0.146*	0.135	0.358***	−0.565	−0.167	−0.453
	（0.080）	（0.217）	（0.114）	（0.376）	（0.156）	（0.442）
控制变量	控制	控制	控制	控制	控制	控制
省份固定效应	控制	控制	控制	控制	控制	控制
伪 R2 值	0.310	0.252	0.302	0.251	0.302	0.243
观察点数量	399 789	82 654	530 424	107 030	492 348	100 659
样本数	1 809	374	1 908	385	1 844	377

注：括号内为稳健标准误。*、**和***分别表示10%、5%和1%统计水平。控制变量主要包括个体的人均GDP、人口密度等。由于滞后一期公共服务、城市灯光强度和气温指数的数据存在缺失值，因此样本数在各个回归模型中存在差异。列（4）~列（9）报告的是使用工具变量回归的边际效应。限于篇幅，第一阶段的F统计值我们只报告了依次使用工具变量对公共服务回归分析中最小的值。

四、异质性分析

（一）不同生命历程分析

表6-10显示，教育、医疗和文化公共服务对生命历程中我国人口首次迁移有显著的正向影响，且随着生命历程的发展教育和医疗公共服务的正向影响将逐步增强。从迁移发生的时间来看，2006—2014年期间教育和医疗公共服务的正向影响高于1995—2005年。从出生队列来看，与20世纪60年代出生群体相比，教育和文化公共服务对20世纪40年代—50年代出生群体再迁移的正向影响更大。从迁移时的年龄来看，与45岁以下迁移群体相比，医疗公共服务对45岁及以上群体再迁移的正向影响更大。综上可知，在生命历程的不同阶段，以及生命历程中迁移轨迹的不同阶段

（首次迁移、再迁移），本章都发现在生命历程的后期和迁移轨迹的后期，教育和医疗公共服务的正向影响在逐渐增大。

表 6-10　生命历程的异质性分析

变量	不同生命历程阶段			出生队列		
	1995—2005 年	1995—2005 年	2006—2014 年	2006—2014 年	20 世纪40 年代—50 年代	20 世纪40 年代—50 年代
	首次迁移	再迁移	首次迁移	再迁移	首次迁移	再迁移
	（1）	（2）	（3）	（4）	（5）	（6）
教育公共服务	0.139***	0.192	0.225***	0.341***	0.087	0.321**
	(0.060)	(0.180)	(0.072)	(0.130)	(0.054)	(0.161)
医疗公共服务	0.137***	0.259	0.219***	0.455***	0.116*	0.472**
	(0.056)	(0.227)	(0.061)	(0.115)	(0.060)	(0.178)
文化公共服务	0.119***	0.035	0.070	−0.281	0.208***	−0.146
	(0.031)	(0.108)	(0.068)	(0.193)	(0.055)	(0.294)
伪 R2 值	0.312	0.284	0.312	0.249	0.329	0.313
观察点数量	323 752	50 622	226 226	61 204	230 850	33 345
样本数	1 132	177	791	214	810	117
变量	迁移年龄					
	20 世纪60 年代	20 世纪60 年代	45 岁以下	45 岁以下	45 岁及以上	45 岁及以上
	首次迁移	再迁移	首次迁移	再迁移	首次迁移	再迁移
	（7）	（8）	（9）	（10）	（11）	（12）
教育公共服务	0.269***	0.221	0.256***	0.352*	0.108*	0.190
	(0.077)	(0.154)	(0.080)	(0.189)	(0.057)	(0.133)
医疗公共服务	0.216***	0.252*	0.199***	0.280*	0.161**	0.508***
	(0.059)	(0.151)	(0.061)	(0.155)	(0.063)	(0.158)
文化公共服务	0.040	−0.074	0.066*	−0.131	0.184***	−0.066
	(0.042)	(0.128)	(0.038)	(0.180)	(0.040)	(0.192)
伪 R2 值	0.294	0.241	0.305	0.254	0.321	0.296
观察点数量	317 205	78 090	304 665	66 975	243 390	44 460
样本数	1 113	274	1 069	235	854	156

注：括号内为稳健标准误。*、** 和 *** 分别表示 10%、5% 和 1% 统计水平。不同列的回归结果均是在纳入省份固定效应、人均 GDP、人口密度等控制变量后计算得到的。

（二）个体特征分析

进一步地，本章分别基于性别、文化程度和户口类型，探讨了公共服务与人口动态迁移的关系。表 6-11 显示，教育、医疗和文化公共服务对女性动态迁移的正向影响显著高于男性。这与洪俊杰和倪超军（2020）的研究发现是一致的。对于高文化程度的群体而言，教育和医疗公共服务对人口动态迁移的正向影响显著大于低文化群体。这与何炜（2020）、武优勐（2020）以及张亚丽和方齐云（2019）的研究结果是一致的，即高素质人口更有能力迁入公共服务水平更高的城市。此外，教育和医疗公共服务对非农户口群体动态迁移的正向影响显著高于农业户口。这一发现与刘金凤和魏后凯（2019）的研究结论是一致的。他们的研究显示，公共服务对城镇流动人口的正向影响更强。综上可知，公共服务对生命历程中人口动态迁移的正向影响在女性、非农户口和高文化群体中更大。

表 6-11　个体特征的异质性分析

变量	性别				文化程度	
	男性	男性	女性	女性	初中及以下	初中及以下
	首次迁移	再迁移	首次迁移	再迁移	首次迁移	再迁移
	（1）	（2）	（3）	（4）	（5）	（6）
教育公共服务	0.211 ***	0.172	0.161 **	0.465 ***	0.158 ***	0.281 **
	（0.070）	（0.141）	（0.068）	（0.157）	（0.050）	（0.123）
医疗公共服务	0.175 ***	0.196	0.191 ***	0.768 ***	0.147 ***	0.241 **
	（0.055）	（0.136）	（0.072）	（0.247）	（0.044）	（0.104）
文化公共服务	0.095 **	−0.017	0.148 ***	−0.383	0.127 ***	−0.104
	（0.041）	（0.102）	（0.036）	（0.256）	（0.026）	（0.145）
伪 R^2 值	0.295	0.327	0.249	0.286	0.293	0.365
观察点数量	299 728	73 502	250 250	38 324	440 440	87 516
样本数	1 048	257	875	134	1 540	306

表6-11（续）

变量	户口类型					
	高中及以上	高中及以上	农业户口	农业户口	非农户口	非农户口
	首次迁移	再迁移	首次迁移	再迁移	首次迁移	再迁移
	（7）	（8）	（9）	（10）	（11）	（12）
教育公共服务	0.317**	0.246	0.243***	0.283**	0.338***	0.305
	（0.155）	（0.252）	（0.061）	（0.114）	（0.054）	（0.358）
医疗公共服务	0.358**	0.827*	0.161***	0.328***	0.369***	0.354
	（0.152）	（0.471）	（0.043）	（0.112）	（0.059）	（0.361）
文化公共服务	0.074	-0.082	0.073**	-0.165	-0.057	-0.037
	（0.074）	（0.279）	（0.037）	（0.163）	（0.045）	（0.166）
伪 R^2 值	0.248	0.313	0.287	0.250	0.404	0.328
观察点数量	109 538	24 310	414 986	91 234	134 992	20 592
样本数	383	85	1 451	319	472	72

注：括号内为稳健标准误。*、** 和 *** 分别表示 10%、5% 和 1% 统计水平。不同列的回归结果均是在纳入省份固定效应、人均 GDP、人口密度等控制变量后计算得到的。

第六节　动态模型实证结果

一、人口动态迁移证据

进行人口动态迁移模型估计之前，本章首先展示了教育、医疗和文化公共服务变量滞后期与人口迁移的关系。表 6-12 表明，公共服务当期值对人口迁移具有显著的正向影响，而公共服务的滞后项对人口迁移具有显著的负向影响。这说明，一方面当期的公共服务对我国人口迁移具有显著的正向作用；另一方面，滞后期的公共服务水平越高，个体发生迁移的概率则越低。换言之，如果前期迁入的城市的公共服务水平越高，个体发生再迁移的概率会显著降低。由此可见，我国人口迁移具有显著的动态特征。

表 6-12　人口动态迁移的证据

变量	迁移概率	迁移概率
教育公共服务	2.390*** （0.057）	2.379*** （0.073）
医疗公共服务	0.282*** （0.017）	0.248*** （0.017）
文化公共服务	1.217*** （0.011）	0.862*** （0.002）
教育公共服务滞后项		-0.661*** （0.047）
医疗公共服务滞后项		-0.047*** （0.014）
文化公共服务滞后项		0.428*** （0.02）
截距项	-0.649*** （0.016）	0.022 （0.048）
城市固定效应	控制	控制
年份固定效应	控制	控制
样本数	12 200	12 200

注：括号内为标准误。*、** 和 *** 分别表示 10%、5% 和 1% 统计水平。

　　此外，公共服务滞后项的估计结果在统计和经济上具有重要意义，这表明生命历程中我国人口动态迁移决策是一种前瞻性行为。具体上，在生命历程中我国人口做出迁移决策时，既要考虑迁入城市当前的公共服务发展水平，也要考虑迁入城市未来的发展潜力。并且，静态模型假定个体迁移是以当期公共服务为依据，而动态模型假定个体迁移是以当期和未来的公共服务为依据。二者的结果都显示，公共服务对人口迁移具有显著的正向影响。因此，生命历程中人口发生迁移时对于当前和滞后期公共服务的考虑是同样看重的。换言之，个体在决定是否迁移时不仅会考虑给定年份的城市公共服务水平，还会考虑迁入城市公共服务的长期发展水平。

　　本章使用每个个体在每一时期面临的迁移/停留决策来识别和估计由心理和财务成本组成的迁移成本。表 6-13 展示了迁移成本的估计结果，可以发现，与财务成本比较而言，心理迁移成本更大。具体上，随着收入水平的增加，迁移者面临迁移带来的心理成本会不断提高。同时，随着迁移者在迁入地居住时间的增加，这种心理成本还呈现出显著的上升趋势。迁移距离对财务成本具有显著的正向影响。由于收入和距离成本的交互项为负，这说明收入能够显著降低迁移距离导致的财务成本，即收入水平越高的个体其迁移距离导致的财务成本在逐步降低。

表6-13　人口动态迁移成本估计结果

心理成本	系数
常数项	11. 127 ***
	(0.004)
收入	1.769 ***
	(0.004)
时间	13.417 ***
	(0.002)
财务成本	
常数项 * 距离成本	0.400 ***
	(0.085)
收入 * 距离成本	−0.010 ***
	(0.000)
样本数	12 200

注：括号内为标准误。*、** 和 *** 分别表示10%、5%和1%统计水平。

二、基准结果

表6-14汇报了使用动态迁移模型估计的生命历程中公共服务对人口动态迁移的影响结果。由于收入的边际效用（γ_{fmc}^{τ}）是随收入变化的。鉴于此，本章使用的样本其年收入均在24万元及以下。列（1）汇报的是未控制城市等固定效应的结果，列（2）和列（3）汇报的是控制了城市固定效应、年份固定效应、个体类型和个体财富类型后公共服务对人口动态迁移的影响。可以发现，列（3）的结果显示，教育、医疗和文化公共服务对我国人口动态迁移具有显著的正向影响。这说明，使用动态迁移模型对生命历程中公共服务与人口动态迁移的估计结果与使用静态模型得到的基准回归结果是一致的。具体地，教育、医疗和文化公共服务提高1个单位，人口迁入该城市的概率将显著增加47.7%、18.3%和7.5%。列（4）进一

步展示了我国人口对于提高所居城市公共服务水平 10% 的支付意愿。具体地，个体愿意每年花费约 514 元以获得教育公共服务水平提高 10%。类似地，可以发现个体愿意每年花费约 210 元以获得医疗公共服务水平提高 10%；个体愿意每年花费约 82 元以获得文化公共服务水平提高 10%。由此可见，我国城市外来人口对于获得更好教育和医疗资源的支付意愿较高，而对于文化公共服务的支付意愿相对较低。

表 6-14　公共服务对人口动态迁移的影响：动态模型估计

变量	估计系数		支付意愿	
	（1）	（2）	（3）	（4）
教育公共服务	-0.558 ***	0.419 ***	0.477 ***	514.34 ***
	（0.012 5）	（0.014 6）	（0.016）	（0.016）
医疗公共服务	0.178 ***	0.214 ***	0.183 ***	210.51 ***
	（0.013 7）	（0.020）	（0.021）	（0.021）
文化公共服务	0.251 ***	0.124 ***	0.075 ***	82.26 ***
	（0.089）	（0.011）	（0.011）	（0.011）
城市固定效应	不控制	控制	控制	控制
年份固定效应	不控制	控制	控制	控制
个体类型	不控制	不控制	控制	控制
财富类型	不控制	不控制	控制	控制
样本数	12 200	12 200	9 680	9 680

注：我们基于个体 1995—2014 的年平均收入将个体的财富类型分为 25 类，分别赋值 1~25；在列（3）和列（4）汇报的是剔除 1、2、24 和 25 四种财富型样本后的分析结果。*、** 和 *** 分别表示 10%、5% 和 1% 的统计水平。个体类型是依据个体的年收入将个体划分为高收入（12 万~24 万元）、中等收入（4 万~12 万元）和低收入（4 万元以下）三种类型。支付意愿的计算公式为：（系数×0.1÷平均财务成本）×1 000，单位为元。

三、异质性分析

本章将进一步对动态模型和静态模型的估计结果进行对比分析。在动态模型的分析框架下，当前居住地点的特征会通过两种渠道作用于个体的迁移决策目标（值）函数：①直接影响个体的效用；②预测未来居住地点的效用。而静态模型往往忽视了第二种渠道对个体迁移决策产生的影响。

静态模型的一种假设形式是 $v_{jt}^{\tau} = \dfrac{u_{jt}^{\tau}}{1-\beta} \Leftrightarrow u_{jt}^{\tau} = v_{jt}^{\tau} - \beta v_{jt}^{\tau}$，而被忽略的变量可以表述为

$$\beta E\left\{\log\left(\exp\left[v_{j+1,\ t+1}^{\tau_{t+1}}\right] + \sum_{k=0}^{J} \exp\left(v_{k,\ t+1}^{\tau_{t+1}} - PMC^{\tau_{t+1}}\right)\right]\ \Big|\ S_{it},\ d_{it}=j\right\} - \beta v_{jt}^{\tau}$$

给定当前的教育、医疗和文化公共服务可以影响个体未来效用的假定下，那么，静态模型的估计结果可能低估了教育、医疗和文化公共服务的正向影响。具体来看，当一个城市的教育、医疗和文化公共服务处于较高水平时，那么，预示着未来这个城市的教育、医疗和文化公共服务水平会变得更好。静态模型由于忽略掉了第二个渠道对个体效用的影响，将个体效用都归结于当前的教育、医疗和文化公共服务水平。那么，静态模型就低估了教育、医疗和文化公共服务的正向效应。

在静态模型中，通常假定未来的迁移可能性为零。然而，个体在当前状态下的选择会影响未来的迁移决策，同时还可以通过迁移带来的财富效应影响未来的迁移决策。因此，静态模型会低估教育和医疗等公共服务的影响。为了清楚地了解静态模型对迁移决策中前瞻性行为的忽略，本章在动态模型分析中，略去预测未来居住地点的效用，即基于静态模型的估计思想对公共服务对人口动态迁移的影响进行估计。此时，可以在忽略第二个渠道的影响下，估计出公共服务对人口动态迁移的影响。

表 6-15 展示了分别使用静态模型和动态模型估计出生命历程中公共服务对人口动态迁移的影响。同时，还与条件 Logit 模型的估计结果进行了对比分析。整体上，本章发现使用条件 Logit 模型将人口动态迁移过程分解后进行估计的结果，以及基于静态视角对面板结构的人口动态迁移数据进行估计的结果，都低估了公共服务对人口动态迁移的影响，尤其是教育公共服务。

表 6-15　静态模型和动态模型的对比分析

变量	首次迁移	再迁移	静态估计	不控制区域偏好动态估计	控制区域偏好动态估计
	（1）	（2）	（3）	（4）	（5）
教育公共服务	0.189 ***	0.278 **	0.107 ***	0.609 ***	0.477 ***
	（0.054）	（0.110）	（0.016）	（0.017）	（0.016）
医疗公共服务	0.182 ***	0.352 ***	0.165 ***	0.163 ***	0.183 ***
	（0.047）	（0.109）	（0.011）	（0.012）	（0.021）

表6-15(续)

变量	首次迁移	再迁移	静态估计	不控制区域偏好动态估计	控制区域偏好动态估计
	(1)	(2)	(3)	(4)	(5)
文化公共服务	0.119***	-0.107	0.142***	0.289***	0.075***
	(0.025)	(0.132)	(0.021)	(0.022)	(0.011)
城市固定效应	未控制	未控制	控制	控制	控制
年份固定效应	未控制	未控制	控制	控制	控制
个体类型	未控制	未控制	控制	控制	控制
财富类型	未控制	未控制	控制	控制	控制
地区偏好	未控制	未控制	未控制	未控制	控制
动态估计	否	否	否	是	是
样本数	1 923	391	9 680	9 680	9 680

注：我们基于个体1995—2014年的年平均收入将个体的财富类型分为25类，分别赋值1~25；控制财富类型是指剔除1、2、24和25四种财富类型样本。*、**和***分别表示10%、5%和1%的统计水平。个体类型是依据个体的年收入将个体划分为高收入（12万~24万元）、中等收入（4万~12万元）和低收入（4万元以下）三种类型。

此外，本章的研究结论与拜尔等人（Bayer et al., 2016）对美国大湾区家庭跨县动态迁移与凯南和沃克（Kennan & Walker, 2011）对美国个体跨州动态迁移的研究结论是基本一致的。他们的研究表明，地区环境等公共服务对人口动态迁移具有显著的正向作用。静态模型往往低估了环境等公共服务对人口动态迁移的影响。同时，异质性因素（如迁移区域偏好）是个体（家庭）迁移决策的重要驱动因素。在动态迁移模型分析中，我们控制了个体类型和迁移区域偏好等异质性因素。因此，本章通过动态迁移模型并控制异质性特征后得到的公共服务与人口动态迁移的估计结果，具有更高的精准度，能更好地预测公共服务对个体动态迁移的影响。

第七节　本章小结

本章使用2014年中国健康与养老追踪调查—生命历程调查数据和我国285个地级市的城市特征数据，从生命历程视角探讨了公共服务对我国人口动态迁移的影响及异质性特征。同时，本章也是对第四章提出的从动态分析视角探讨我国人口迁移影响因素问题的详细回答。

整体上，在生命历程中我国人口迁移呈现出显著的"迁移—再迁移"动态特征。人口动态迁移的迁入城市主要分布在东部地区的一、二线城市和长三角、粤港澳（珠三角）等城市群。并且，我国人口动态迁移的区域偏好显著。实证结果显示，教育、医疗和文化公共服务对生命历程中的首次迁移具有显著的正向影响，而教育和医疗公共服务对生命历程中再迁移同样具有显著的正向影响，并且这种正向影响有所增强。对于生命历程的不同时期而言，在生命历程的后期阶段或迁移轨迹的后期阶段，教育和医疗公共服务对人口动态迁移的影响都要高于生命历程早期阶段。教育、医疗和文化公共服务对人口动态迁移的影响具有显著的异质性特征：受教育水平越高、非农户口和女性生命历程中的动态迁移受公共服务的正向影响更大。整体上，本章还发现广泛使用的静态分析模型低估了公共服务对生命历程中人口动态迁移的正向影响，尤其是教育公共服务。

第七章 生命历程视角下未成年时期的人口迁移与代际收入流动

第一节 引言

　　第五章和第六章依次从生命历程的视角分析了我国人口迁移的基本特征和我国人口迁移的原因。在本章，我们依旧从生命历程的视角出发，探讨我国人口迁移的长期影响，具体地，生命历程视角下未成年时期的人口迁移对代际收入流动的长期影响。

　　消除贫困和阶层差异，逐步实现共同富裕是社会主义的本质要求。大量贫困人口的存在和代际流动性下降威胁国家发展和长治久安，是亟须解决的重大问题。2015 年，中共中央、国务院颁布的《关于打赢脱贫攻坚战的决定》明确提出，通过易地扶贫搬迁等方式促进 7 000 多万建档立卡贫困户摆脱贫困。2016—2020 年，我国计划通过搬迁移民实现中西部地区 22 个省（市、区）约 981 万建档立卡贫困人口脱贫（国家发改委，2016）。经过全党全国各族人民共同努力，我国脱贫攻坚战取得了全面胜利，农村贫困人口全部脱贫。大量事实表明，以搬迁移民方式进行的人口迁移成为推动贫困人口脱贫，跨越代际贫困陷阱，增强代际流动的重要途径之一。

　　1994 年，《国家八七扶贫攻坚计划》明确将开发式搬迁移民作为我国扶贫的主要手段。山东博山区政府在 1994 年选择了 19 个贫困村庄，将村庄中的家庭搬迁到距离博山区市中心附近工业经济发展水平较高的村庄。这种搬迁移民对于家庭而言是一种外生冲击，是一种典型的准自然实验。并且，截至 2019 年该搬迁移民项目的长期效应已经显现，为本章探讨生命历程中未成年时期的人口迁移对代际收入流动的长期影响提供了一个良好的样本。具体地，我们以 19 个搬迁村庄作为实验组，同时，选择了 19 个非搬迁村作为参照组。由于搬迁前实验组和参照组的家庭在个体和家庭特征方面都无显著差异，并且搬迁移民是政府针对村庄层面进行的，家庭无法选择是否成为搬迁对象。因此，该搬迁移民项目符合准自然实验的假设。本章基于 1994 年山东博山实施的搬迁移民项目，回答两个问题：①测算搬迁村和未搬迁村家庭中年龄在 0~20 岁的子女在成年且就业后的代际收入流动水平，由迁移群体和未迁移群体代际收入流动水平的对比，初步了解未成年时期的人口移民对代际收入流动的影响。②基于准自然实验法，探讨生命历程中未成年时期的人口迁移与代际收入流动水平的因果关系及作用机制。

第二节　项目背景

博山区位于山东省中部山区，淄博市南部，共辖 6 个镇、3 个街道，政府驻地为城东街道办事处。2019 年，博山区生产总值为 226.96 亿元，其中，规模以上工业完成总产值 171.84 亿元。从 20 世纪 80 年代开始，博山区城区和城郊村镇的陶瓷、机电泵业、耐火材料和玻璃制品等产业迅速发展，工业总产值不断提高，村镇企业蓬勃发展。城区和城郊村镇经济飞速发展的同时，逐渐面临着劳动力短缺问题。与此同时，博山区的池上乡和李家乡等偏远山区却陷入人多地少、就业不足、收入水平低的困境。1992 年，博山区政府开始探索农村剩余劳动力转移与农村开发式扶贫相结合的搬迁移民扶贫方式。1994 年，博山区政府将距离区政府较远的池上和李家等乡镇的 19 个村庄整村搬迁到距离区政府较近且经济较发达的白塔镇和域城镇等镇。总结来看，博山区搬迁移民项目通过将贫困地区人口从农村向城区和近郊的经济发达地区转移；从第一产业向第二、三产业转移；突出以劳务转移为核心，对农村剩余劳动力进行劳务输出，将贫困山区脱贫与产业发展相结合。在解决近郊地区企业发展劳动力不足问题的同时，又实现偏远山区农村家庭脱贫致富。

从博山区各镇（街道）、搬迁村和未搬迁村的空间分布情况来看，域城镇、池上镇和源泉镇分别位于博山区的西北部土地贫瘠山区和东南部偏远山区。接收村则主要是村镇产业发展较好，经济发展水平较高的八陡镇和白塔镇等。通过对搬迁乡镇的经济社会发展数据的整理分析，我们发现搬迁乡镇整体上经济发展水平差，农民收入水平低。1995—1997 年，搬迁乡镇工业总产值大约在 3 976~7 299 万元，村办/乡镇企业数约 8~22 家，农民人均纯收入约 1 850~2 837 元。而接收乡镇（街道）工业总产值约 12 898~252 100 万元，村办/乡镇企业数 71~199 家，农民人均纯收入约 2 671~4 627 元。

此外，通过对搬迁村和接收村相关资料的整理和分析发现，搬迁村主要迁入白塔镇（7 个搬迁村）、山头镇（4 个搬迁村）和八陡镇（3 个搬迁村）等经济发达的城镇。总体上，搬迁村具有户数少、距离城区远、人均收入低等特征。其中，搬迁村平均户数为 57 户，距离博山区城区约 38 公里，人均年收入约为 864 元，户均耕地面积约 0.9 亩，平均每村拥有中学及以下学生 33 人，平均每村拥有民办教师不足 1 人。

第三节　数据和方法

一、数据来源和基本特征

本章的数据收集分为两个阶段。①2019 年春节前后进行了田野调查和预调研：一是访问了 1994 年山东博山项目的组织和执行者（包括当时的主管区委书记、项目负责人和各乡镇村的项目实施负责人），详细了解搬迁移民项目的实施过程；二是收集了与项目相关的所有档案文件和统计数据；三是走访并且预调查 200 户左右的家庭，为后期的正式调查积累经验。②正式数据收集于 2019 年 6—7 月进行，共访问 1 010 户，有效数据（排除缺失和错误）990 份（有效率 98%）。在实施上，通过地方政府的协助跟村委会接洽获取村庄的家庭名单，剔除 1994 年以后通过婚姻落户的村民，纳入 1994 年以后将户口迁出的村民，最终获得 1994 年搬迁前的村民名单。然后根据修正后的名单依次对家中拥有 1974—1994 年（年龄在 0~20 岁）出生的孩子或其父母进行面访，无法面访的样本通过电话和微信以问卷星电子问卷形式进行远程调查。调查内容主要包括子女性别、年龄、教育史、迁移史、工作史、父母年龄和文化程度等。统计显示，平均每份问卷填写完成的时间大约为 24 分钟，填写完成问卷时间的中位数为 22 分钟。最终，搬迁村有效被访户 427 户，未搬迁村有效被访户 563 户。

表 7-1 汇报了变量的基本统计结果。样本中男性占比 53.3%，平均年龄约 34 岁，平均文化程度大约为高中；非农户口占比较小，约为 15.8%；自评健康水平较高，就业率较高，结婚率达 84.8%；父母的平均年龄约 60 岁，平均文化程度为小学。收入方面，父母收入使用搬迁前（1993 年）的平均月收入，保障了父母收入不受搬迁移民影响；子女收入使用 2014 年子女月收入。切迪等人（Chetty et al.，2018）在进行美国居民代际收入流动水平测算时，为了规避生命周期对收入的影响，分别使用了子女 26~37 岁时的收入，其测算结果显示，使用这段时期的个体收入测算出的代际收入流动水平是较为一致的。亚布拉米斯奇等人（Abramitzky et al.，2021）在进行美国移民群体代际收入流动水平测算时明确指出，使用子代和父代 30~50 岁的收入进行代际收入流动水平测算，其结果都是较为稳健的。通过对搬迁前（1993 年）父母和 2014 年子女年龄的统计分析显示，父母在搬迁前（1993 年）的平均年龄约为 36 岁，2014 年子女的平均年龄为 29 岁。因此，本章使用父母和子女收入的年龄与切迪等人（Chetty et al.，2018）和亚布拉米斯奇等人（Abramitzky et al.，2021）的研究相似。这证明了本章测算出的代际收入流动水平受生命周期的影响较小，结果较为稳健。

表 7-1 变量赋值和描述性统计

变量	赋值和单位	样本数	均值	标准差
性别	男性=1；女性=0	990	0.533	0.499
年龄	年	990	33.798	5.511
文化程度	年	990	11.949	3.297
户口类型	非农户口=1；农业户口=0	990	0.158	0.365
健康状况	比较差=1；较差=2；一般=3；比较好=4；非常好=5	990	4.432	0.863
婚姻状况	已婚=1；其他=0	990	0.848	0.358
家庭人数	共同居住的家庭人数/人	990	3.574	1.273
工作经历	从事过 6 个月以上工作的数量/份	990	1.843	0.933
2014 年子女月收入	元	990	2 671.62	2 772.04
1993 年父母月收入	元	990	606.442	725.225

表7-1(续)

变量	赋值和单位	样本数	均值	标准差
父母平均年龄	岁	990	60.769	6.491
父母平均文化程度	年	990	6.181	3.261
代际向上流动	子女收入排序大于父母收入排序=1，否=0	990	0.481	0.500
代际收入排序差值	子女收入百分位排序与父母收入百分位排序差值	990	0.062	36.095
村庄农户数	户	990	116.03	63.77
村庄到城区距离	千米	990	36.75	10.50
人均收入	元	990	1 052.56	261.85
人均耕地面积	亩	990	375.32	252.05

注：1993 年和 2014 年的收入通过 CPI 平减，调整为 2018 年水平。

尽管搬迁村庄的选择并不是完全随机的，但是对于家庭而言是无法影响其所在村庄是否成为搬迁村庄的。因此，是否被选中成为搬迁村庄对于家庭而言是一种外生冲击。并且，单个家庭由于户籍、土地等因素的影响，几乎无法使自己的家庭迁入搬迁村庄而获得搬迁资格。接着，本章对实验组和参照组中孩子和父母的基本特征进行平衡性检验，进而判断两个群体是否无显著的系统性差异（Kling et al.，2007）。

拉加科斯（Lagakos et al.，2018）对孟加拉国乡城移民的福利效应研究发现，在有现金转移的移民政策下，对于移民群体中收入百分位排序从最低增加到最高时，乡城移民的正向效应将从 1.5% 降到 0.1%。切迪等人（Chetty et al.，2014）对美国绝对代际流动水平的测算也是通过对父母收入分布在 25 分位数上其子女收入平均排名的测度而获得的。1994—2020 年，中国的反贫困政策都强调消除绝对贫困。2020 年以后，我国进入了相对贫困时代，解决相对贫困、巩固和拓展脱贫攻坚成果成为急需深入研究的问题。同时，在中国扶贫政策落地时，扶贫对象中的精英群体和普通群体在扶贫政策中的行为和福利收益存在差异性。综上，结合已有研究和中国搬迁移民的实际情况，本章认为对于贫困群体中收入百分位排序不同的各子群体而言，搬迁移民对其长期影响可能存在显著差异。鉴于此，本章将样本分为两组：家庭收入百分位数排序在 75 分位数以下为一组，即中低收入阶层；家庭收入百分位数排序在 75 分位数及以上为另一组，即高收入阶层。此外，本章还对家庭收入百分位排序在 50 分位数及以下的低收入阶层进行了分析。进而，探讨生命历程中未成年时期的人口迁移对代际收入流动影响在不同收入阶层中的异质性特征。

　　表 7-2 分别展示了基于样本整体、中低收入阶层和高收入阶层对实验组和参照组进行平衡性检验的结果。可以发现，除村庄特征外，搬迁时样本整体、中低收入阶层和高收入阶层中实验组和参照组在性别、年龄、户口类型、父母的文化程度和父母的收入水平等方面都不存在系统性差异。总体上，个体有很强可比性，但是需要控制村庄特征。

表 7-2　平衡性检验结果

类型	搬迁时家庭收入排序在 75 分位数以下		搬迁时家庭收入排序在 75 分位数及以上		全样本	
	参照组均值	实验组 VS 参照组	参照组均值	实验组 VS 参照组	参照组均值	实验组 VS 参照组
	(1)	(2)	(3)	(4)	(5)	(6)
被访者性别（男性＝1）	0.504	0.042 (0.038)	0.538	0.047 (0.058)	0.515	0.042 (0.032)
搬迁时被访者年龄（岁）	9.690	0.198 (0.431)	9.813	0.073 (0.620)	9.730	0.158 (0.354)
搬迁时被访者户口类型（农业户口＝1）	0.016	0.007 (0.011)	0.038	0.019 (0.026)	0.023	0.010 (0.011)
搬迁时父母平均年龄（岁）	36.921	0.313 (0.495)	36.038	0.336 (0.788)	36.636	0.350 (0.420)
搬迁时父母平均文化程度/年	5.908	0.187 (0.254)	6.451	0.386 (0.365)	6.083	0.226 (0.209)
搬迁时父亲就业类型（务农＝1）	0.735	-0.067* (0.035)	0.462	0.034 (0.058)	0.647	-0.029 (0.031)
搬迁时母亲就业类型（务农＝1）	0.961	-0.030* (0.017)	0.896	-0.034 (0.038)	0.940	-0.029* (0.017)

表7-2（续）

类型	搬迁时家庭收入排序在 75 分位数以下		搬迁时家庭收入排序在 75 分位数及以上		全样本	
	参照组均值	实验组 VS 参照组	参照组均值	实验组 VS 参照组	参照组均值	实验组 VS 参照组
	（1）	（2）	（3）	（4）	（5）	（6）
搬迁时父母平均月收入/元	280.995	−4.314 (7.497)	1 376.923	−87.427 (111.167)	635.274	−66.845 (46.515)
村庄农户数/户	153.866	−85.350*** (3.744)	149.264	−82.166*** (5.513)	152.378	−84.270*** (3.095)
村庄距离/公里	40.130	−6.530*** (0.770)	36.859	−2.893** (1.204)	39.072	−5.367*** (0.652)
村庄人均收入/元	1 205.829	−354.826*** (15.358)	1 190.830	−319.464*** (22.992)	1 200.980	−344.11*** (12.76)
村庄耕地面积/亩	546.559	−366.749*** (14.041)	475.126	−294.633*** (22.024)	523.467	−343.46*** (11.937)

注：第（1）~（2）列为搬迁前（1993 年）家庭收入百分位排序值在 75 分位数以下的样本组；第（3）~（4）列为搬迁前（1993 年）家庭收入百分位排序值在 75 分位数及以上的样本组；第（5）~（6）列为全样本组；第（1）、（3）和（5）列为每个变量在参照组中平均值；第（2）、（4）和（6）列为每个变量在实验组和参照组之间的差值；*、**、*** 分别代表在 10%、5% 和 1% 水平上是显著的；括号内为标准误。限于篇幅，50 分位数及以下群体的平衡性检验结果未展示；整体上，与 75 分位数以下群体的检验结果是基本一致的。

　　为了检验本章使用的数据是否具有一般性特征。我们跟有全国代表性的微观调查数据进行了比较。我们与 2014 年中国劳动力动态调查数据（CLDS）和 2014 年中国健康与养老追踪调查—生命历程调查（CHARLS-LHS）数据中山东样本和全国样本的收入核密度图进行了对比。结果发现，博山样本中子女收入、CLDS 山东样本中子女收入和 CLDS 全国样本中子女收入的核密度分布比较接近。类似地，博山样本中父母收入与 CHARLS-LHS 数据中山东样本的父母收入核密度分布比较接近。但 CHARLS-LHS 数据中全国样本的父母收入核密度显示，全国样本中父母收入略低于博山样本中父母收入，但是总体上其分布特征是相近的。通过与具有一般性代表的 CLDS 和 CHARLS-LHS 数据相比，整体上，本章所使用的博山调查数据具有一般性特征，不属于特别偏离总体分布的群体。当然与全国样本相比，山东样本中父母的总体收入偏低，这可能是搬迁村庄主要分布在山东的贫困地区所导致的。

二、研究方法

首先，本章对实验组、参照组和全样本的代际收入流动水平进行测度，并直接对比其差异。代际收入流动的测算方法，主要分为绝对代际收入流动和相对代际收入流动两类。绝对代际收入流动主要包括绝对代际收入流动率和代际收入转换概率矩阵（Chetty et al.，2014）；相对代际收入流动主要包括代际收入弹性、代际收入相关性和代际收入排序（Becker & Tomes，1979；Fan，2016；Lee & Solon，2009）。

（1）绝对代际收入流动率是直接衡量代际收入流动水平的指标之一（Chetty et al.，2017）。通常，对子女代际收入流动水平进行测度时，较为直接的一种判断就是将子女收入百分位排序值与父母收入百分位排序值直接进行对比［式（7-1）］。具体地，本章使用 type 表示实验组、参照组和全样本，A_{type} 表示子女收入百分位排序值高于（或等于）父母收入百分位排序值的比例。其中，N_{type} 表示实验组、参照组或全样本中子女的全部数量；$\mathrm{Child}_{\mathrm{type},\ i}$ 和 $\mathrm{Parent}_{\mathrm{type},\ i}$ 表示实验组、参照组或全样本中子女和父母 i 的收入百分位排序值。因此，本章可以基于父母收入，分别计算子女收入百分位排序值超过父母收入百分位排序值 100%、110% 和 120% 的子女的比例。

$$A_{\mathrm{type}} = \frac{1}{N_{\mathrm{type}}} \sum_i 1\{\mathrm{Child}_{\mathrm{type},\ i} > \mathrm{Parent}_{\mathrm{type},\ i}\} \qquad (7-1)$$

（2）已有的文献（Chetty et al.，2014；Connolly et al.，2019；Fan et al.，2021）普遍发现，高收入群体中父母与子女收入的关系呈现非线性特征。而代际收入转换概率矩阵则可以直观且精准地测算非线性关系的代际收入流动水平（Nybom & Stuhler，2016）。具体上，通过计算父母收入阶层中最低阶层 1/5（Q1）的子女长大后收入在中下阶层 2/5（Q2）、中等阶层 3/5（Q3）、中高阶层 4/5（Q4）和最高阶层 5/5（Q5）的概率。换言之，这可以解释为贫困家庭的子女成年后到达脱贫、致富和奔小康的比例。

（3）代际收入弹性（IGE）是最常用和最经典的测算相对代际收入流动水平的方法。贝克尔和托姆斯（Becker & Tomes，1986）最早提出通过线性方程计算子女和父母收入的对数关系来测算代际流动水平。梭伦（So-lon，1992）对该方法测算代际收入流动水平的偏误进行了讨论和改进。具体地，式（7-2）中，$\mathrm{lnChild}_{\mathrm{type},\ i}$ 和 $\mathrm{lnParent}_{\mathrm{type},\ i}$ 分别表示实验组（或参照组）子女和父母收入的对数；系数 β 则表示子女收入变动对父母收入变动的反映程度，即代际收入弹性（IGE）。当 β 越大则说明子女收入对父母收入的依赖程度越高，即代际深入流动水平较低；反之，β 越小则说明代际收入流动越高较高。

$$\ln Child_{type,\ i} = \alpha + \beta \ln Parent_{type,\ i} + \varepsilon_i \qquad (7-2)$$

（4）代际收入相关性（IGC）。由于代际收入弹性没有考虑到父代和子代对数收入离散程度的差异。具体地，如果测算出实验组代际收入弹性很低，这可能仅仅是因为子代对数收入的差异相对于父代而言较低而导致（Fan, 2016；Fan et al., 2021）。鉴于此，本章进一步纳入父代和子代对数收入的标准差计算代际收入相关性系数［式（7-3）］。其中，β 为式（7-2）中的代际收入弹性（IGE）；$\dfrac{SD\{\log(Parent\_\ income_i)\}}{SD\{\log(Child\_\ income_i)\}}$ 为父代和子代对数收入标准差的比值。

$$IGC = \beta \times \frac{SD\{\log(Parent\_\ income_i)\}}{SD\{\log(Child\_\ income_i)\}} \qquad (7-3)$$

（5）代际收入排序（IGR）。尽管使用代际收入相关系数可以减少由于个体生命周期带来的偏差。但是，如果父代和子代对数收入是非线性关系时，本章的估计结果仍然可能存在较大的偏差。参考楚和林（Chu & Lin, 2019）以及切迪等人（Chetty et al., 2014）的研究，本章将父代和子代收入转换为 1~100 的排序，通过估计代际收入排序来反映实验组和参照组的代际流动水［式（7-4）］。具体地，$Rank\_\ Child_{type,\ i}$ 和 $Rank\_\ parent_{type,\ i}$ 分别表示实验组（或参照组）被访子女和父母的收入百分位排序；α_1 为代际收入排序系数。

$$Rank\_\ Child_{type,\ i} = \alpha_0 + \alpha_1 Rank\_\ parent_{type,\ i} + \varepsilon_i \qquad (7-4)$$

以上分析都是测算某个群体的代际收入流动水平。对于每个个体（子女）其代际收入流动水平的测算，本章主要使用两个指标：①是否实现代际收入向上流动——通过子代和父代收入百分位排序的比较。子代收入排序大于父代收入排序赋值为 1，反之赋值为 0；②代际收入排序差值——子代收入百分位排序与父代收入百分位排序的差值。具体地，本章分别针对实验组中父母和子女收入进行百分位排序，通过得到父母和子女的百分位排序值，进而得到每个实验组中子女是否实现代际向上流动和代际收入排序差值。类似地，分别针对参照组中父母和子女收入进行百分位排序，通过得到父母和子女百分位排序值，进而得到每个参照组中子女是否实现代际向上流动和代际收入排序差值。

接着，参照搬迁移民实验研究的一般方法（Kling et al. 2007；Chetty et al. 2016），基于山东博山 1994 年实施的搬迁移民项目，本章使用线性回归模型探讨生命历程中未成年时期的人口迁移对子女代际收入流动的长期影响（又称意向影响，intent-to-treated，ITT）。

$$y_i = \alpha + \beta^{\text{ITT}} \text{Exp}_i + \gamma X_i + \delta \text{Village}_i + \varepsilon_i \qquad (7\text{-}5)$$

式中，Exp_i 表示被分配到实验组（搬迁组）和参照组（未搬迁组）的指示变量。X_i 为一系列控制变量，如子女性别和父母年龄等。$Village_i$ 是一系列村庄地点变量。y_i 为子女代际收入流动水平。

本章的稳健标准误是聚类到家庭层面。

一方面，已有研究指出贸然决定加或不加某个控制变量都是不科学的（Chetty et al.，2016）；另一方面，关于代际收入流动的研究中，普遍会加入一些子女和父母相关特征的变量（如子女年龄和父母年龄等），以控制其他因素对子女代际流动的影响（Fan et al.，2021）。鉴于此，本章同时汇报了不加入任何控制变量和加入基本特征变量的回归结果。此外，平衡性检验结果显示，应尽量控制村庄层面的特征，以缓解村庄层面的差异性带来的估计偏差。因此，在稳健性分析部分，本章进一步加入了家庭和村庄层面的一系列控制变量，以检验本章估计结果的稳健性。

由于不是每个被选中的村庄中的家庭都会选中搬迁，因此，意向影响［式（7-5）］可能低估了未成年时期的人口迁移与子女代际收入流动的因果关系。依据安格瑞斯特等人（Angrist et al.，1996）、因本斯和安格瑞斯特（Imbens & Angrist，1994）以及吉布森等人（Gibson et al.，2019）的研究，本章使用是否被选中为搬迁村的家庭作为工具变量，来估计获得移民资格并且在未成年时期发生过迁移的群体的实验效果（local average treatment effect，LATE）。估计方程如下：

$$y_i = \alpha_L + \beta_L \text{TakeExp}_i + \gamma_L X_i + \delta_L \text{Village}_i + \varepsilon_i^L \qquad (7\text{-}6)$$

式中，TakeExp_i 为是否在未成年时期参与搬迁移民实验的指示变量。

本章使用两阶段最小二乘法（2SLS）对式（7-6）进行估计。假设未成年时期的人口迁移只会通过实际搬迁到新的社区（村庄）居住地来影响子女代际收入流动。那么，β_L 就可以被解释为选中为搬迁村的村民，并且，在未成年时期迁移到贫困程度较低（或经济更发达）村庄（社区）的因果效应。

第四节 代际收入流动基本特征和实证结果

一、代际收入流动基本特征：分组讨论

统计分析显示，实验组和参照组 75 分位数以下和 75 分位数及以上样本中，子女收入百分位排序值超过父母收入百分位排序值 100%、110% 和 120% 的比例。具体上，75 分位数以下群体中，实验组子女收入百分位排序值超过父母收入百分位排序值 100%、110% 和 120% 的比例都显著高于参照组。75 分位数及以上群体中，实验组子女收入百分位排序值超过父母收入百分位排序值 100%、110% 和 120% 的比例则显著低于参照组。综上可知，与参照组相比，实验组中 75 分位数以下群体具有较高的代际收入流动水平，但 75 分位数及以上群体中参照组具有更高的代际收入流动水平。

统计显示，实验组中最低收入家庭（Q1）的子女长大后流入最低收入阶层（Q1）的比例显著低于参照组。同时，流入到较高收入阶层（Q3）的比例显著高于参照组。但实验组中最低收入家庭（Q1）的子女长大后流动到最高收入阶层（Q5）的比例则低于参照组。这表明，生命历程中未成年时期的人口迁移提高了搬迁家庭子女跨越代际贫困陷阱的可能性，实现了代际向上流动的概率，但是并没有显著提高其流入最高收入阶层的概率。实验组中，中等收入家庭（Q3）的子女长大后流入最低收入阶层（Q1）和最高收入阶层（Q5）的比例都大于参照组。这说明，中等收入家庭的子女在未成年时期经历人口迁移后，其代际收入流动出现了分化现象——部分群体流入到更高的收入阶层，同时也有部分群体流入到更低的收入阶层。值得注意的是，对于实验组中高收入家庭的子女，代际向下流动的概率显著高于参照组。具体上，最高收入阶层（Q5）的实验组家庭其子女流动到 Q1 或 Q3 阶层的比例都大于参照组。这间接地表明，生命历程中未成年时期的人口迁移对于高收入家庭的子女而言，并未表现出显著的正向影响，甚至大量迁移家庭的子女由高收入阶层流向了低收入阶层。

通过对实验组、参照组和全样本父母收入百分位排序（收入对数）和子女收入百分位排序（收入对数）的相关关系散点图进行分析，我们发现，整体上，在实验组和参照组中父母收入百分位排序（收入对数）和子女收入百分位排序（收入对数）呈现显著的线性关系。值得注意的是，我

们还可以看出参照组中父母收入百分位排序（收入对数）与子女收入百分位排序（收入对数）的线性拟合线的斜率大于实验组。综上可知，本章使用式（7-2）（7-3）和（7-4）估计父母收入百分位排序（收入对数）与子女收入百分位排序（收入对数）的线性关系系数是适合的。

表7-3报告了使用代际收入弹性、代际收入相关性和代际收入排序三种方法对实验组、参照组和全样本代际收入流动水平的测算结果。列（1）~列（2）报告的是使用代际收入弹性方法在未加入控制变量和加入控制变量情况下，测算出的实验组代际收入弹性系数。平均来看，实验组中父母收入提高1%其子女收入将提高0.047%。类似地，列（3）~列（4）报告的是参照组的代际收入弹性系数。平均来看，父母收入提高1%，其子女收入将提高0.129%。由此可见，实验组的代际收入弹性显著小于参照组。列（5）报告了加入控制变量后，全样本的代际收入弹性。平均来看，父母收入提高1%，其子女收入将提高0.095%。

此外，列（6）~列（10）报告了使用代际收入相关系数方法的测算结果。与代际收入弹性的结果相似，父母收入提高1%实验组和参照组的子女收入将分别提高0.055%和0.153%。同样地，列（11）~列（15）报告了使用代际收入排序方法的测算结果。可以发现，代际收入排序的测算结果与代际收入弹性的测算结果也较为相似，即实验组代际收入排序系数显著小于参照组。具体地，实验组和参照组的代际收入排序系数分别为0.067和0.188，且在1%的统计水平上显著。因此，未成年时期发生迁移的群体其代际流动水平高于非迁移群体。综上可知，生命历程中未成年时期的人口迁移有利于提高迁移者的代际收入流动水平，缓解阶层固化。

尽管本章使用代际收入排序方法测算的结果显示［列（11）~（15）］，实验组、参照组和全样本的代际收入排序系数在10%统计水平上是显著的。但是，使用代际收入弹性和代际收入相关性两种方法在加入控制变量后，实验组的代际收入弹性系数和代际收入相关性系数并未通过10%的统计检验。并且，梭伦（Solon，1992）明确指出，仅仅使用某一年份的收入来计算代际收入流动水平会导致估计出的代际收入流动水平偏低，即高估代际收入流动水平。本章主要使用2014年子女月收入和父母1993年月收入来计算样本的代际收入流动水平。鉴于此，为了确保测算结果的稳健性。首先，参考贡等人（Gong et al.，2012）以及徐舒和李江（2015）等人的做法，本章使用父母的职业水平和教育水平作为父母收入的工具变量。对参照组和实验组的代际收入流动水平进行测算。比较而言，使用工具变量的计算结果的确显著大于表7-3的结果。由此可见，表7-3的估计结果的确可能低估了样本的代际收入弹性和代际相关系数。但是，整体上使用工具变量的计算结果同样也发现实验组的代际收入弹性和代际相关系数显著低于参照组，即实验组比参照组更容易实现代际流动。这直接印证了由表7-3推出的结论是成立的。

表7-3　代际收入流动水平测算结果

系数	代际收入弹性（IGE）				
	实验组	实验组	参照组	参照组	全体样本
	（1）	（2）	（3）	（4）	（5）
β	0.068	0.047	0.147***	0.129***	0.095***
	(0.046)	(0.044)	(0.033)	(0.031)	(0.026)
样本量	427	427	563	563	990
R平方	0.006	0.165	0.027	0.180	0.171
控制变量	未控制	控制	未控制	控制	控制
系数	代际收入相关系数（IGC）				
	实验组	实验组	参照组	参照组	全体样本
	（6）	（7）	（8）	（9）	（10）
β	0.080	0.055	0.173***	0.153***	0.112***
	(0.054)	(0.052)	(0.039)	(0.037)	(0.030)
样本量	427	427	563	563	990
R平方	0.007	0.141	0.029	0.159	0.149
控制变量	未控制	控制	未控制	控制	控制
系数	代际收入排序（IGR）				
	实验组	实验组	参照组	参照组	全体样本
	（11）	（12）	（13）	（14）	（15）
β	0.093*	0.067	0.220***	0.188***	0.135***
	(0.051)	(0.049)	(0.044)	(0.042)	(0.032)
样本量	427	427	563	563	990
R平方	0.007	0.147	0.042	0.206	0.175
控制变量	未控制	控制	未控制	控制	控制

注：***、**和*表示系数在1%、5%和10%的水平上显著。括号内为聚类到家庭层面的稳健标准误。控制变量主要包括性别、年龄、子女文化程度和父母年龄。

最后，我们进一步与其他研究测算出的我国代际收入流动水平进行了对比。表 7-4 显示，已有研究测算出的我国代际收入弹性系数在 0.19~0.818，代际收入相关系数则在 0.293~0.519。整体上，我国的代际收入流动水平较低。此外，本章使用工具变量的估计结果大于未使用工具变量的估计结果，这说明 OLS 估计方法可能高估了全样本、实验组和参照组的代际流动水平，即代际收入流动系数偏小。而使用工具变量的估计结果显示代际收入流动水平在 0.619~0.974。这个估计结果与其他学者对我国代际收入流动水平的估计较为接近。这证明了本章使用工具变量的估计结果具有一般性。

表 7-4　与其他研究的对比分析

作者	国家	方法	系数	数据/说明
本章（2021）	中国	IGE	0.619~0.826	山东博山，工具变量
	中国	IGC	0.730~0.974	山东博山，工具变量
	中国	IGR	0.660~0.852	山东博山，工具变量
范等人（Fan et al., 2021）	中国	IGE	0.39~0.442	CFPS2012-2016
	中国	IGC	0.434~0.519	CFPS2012-2016
	中国	IGR	0.443~0.494	CFPS2012-2016
范（Fan, 2016）	中国	IGE	0.433~0.512	CHIP1995-2002
	中国	IGC	0.293~0.371	CHIP1995-2002
袁（Yuan, 2017）	中国	IGE	0.682	CHNS1989-2009
郭和闵（Guo & Min, 2008）；贡等人（Gong et al., 2012）	中国	IGE	0.32~0.63	CHUHEES2004
袁和陈（Yuan & Chen, 2013）	中国	IGE	0.358	CGSS2006
李等人（Li et al., 2014）	中国	IGE	0.615	CHNS1989-2000
杨沫和王岩（2020）	中国	IGE	0.19~0.39	CHNS1989-2015
	中国	IGR	0.20~0.45	CHNS1989-2015
杨汝岱和刘伟（2019）	中国	IGE	0.691	农村固定点观测数据
孙三百、黄薇和洪俊杰（2012）	中国	IGE	0.67	CGSS2006

表7-4(续)

作者	国家	方法	系数	数据/说明
卢盛峰和潘星宇（2016）	中国	IGE	0.715~0.818	CHNS1989-2011
阳义南和连玉君（2015）	中国	SIGE	0.388	CLDS2012+ CGSS2006-2010
陈杰、苏群和周宁（2016）	中国	IGE	0.572	CHNS1989-2011

注：IGE 为代际收入弹性系数；IGC 为代际收入相关系数；IGR 为代际收入排序系数；SIGE 为代际社会经济地位弹性系数。

二、人口迁移对代际收入流动的影响：因果分析

通过对 50 分位数及以下群体中实验组和参照组子女代际向上流动概率和代际收入排序差值进行分析，可以发现，实验组和参照组中子女代际向上流动的概率分别约为 70% 和 65%，实验组比参照组高 5 个百分点。实验组和参照组中子女代际收入排序差值分别约为 20 和 18，实验组比参照组高 2。75 分位数以下群体中实验组和参照组的子女代际向上流动概率分别约为 64% 和 60%，实验组比参照组高 4 个百分点。实验组和参照组的子女代际收入排序差值分别为 13.1 和 12.9，实验组比参照组高 0.2。75 分位数及以上群体中实验组和参照组子女代际向上流动的概率分别约为 12% 和 20%，实验组比参照组低 8 个百分点。75 分位数及以上群体中实验组和参照组子女代际流动绝对值分别约为-33 和-26，实验组比参照组低 7。综上可知，生命历程中未成年时期的人口迁移使得实验组中 75 分位数以下群体获得了更高的代际向上流动概率和代际收入排序差值。然而，生命历程中未成年时期的人口迁移显著降低了实验组中 75 分位数及以上群体代际向上流动概率和代际收入排序差值。

表 7-5 报告了基于式（7-5）估计出的未成年时期人口迁移与代际收入流动因果关系的基准分析结果。模型 A 和 B 的因变量分别为是否实现代际收入向上流动和代际收入排序差值。其中，列（1）、列（2）和列（3）分别是收入排序在 50 分位数及以下、75 分位数以下和 75 分位数及以上群体的估计结果。平均来看，生命历程中未成年时期的人口迁移使得低收入家庭代际向上流动的概率增加 7.2%，代际收入排序差值增加约 3。对于高收入家庭而言，未成年时期的人口迁移并未促使其子女代际流动水平进一

步提升。其至，显著降低了其子女代际向上流动的可能性。具体地，生命历程中未成年时期的人口迁移使得高收入阶层的搬迁家庭其子女代际向上流动概率降低 8.6%，代际收入排序差值降低约 6。综上可知，未成年时期的人口迁移能够有效地阻断贫困地区的代际贫困，促进贫困地区低收入家庭的子女逃离代际贫困的陷阱。进一步而言，我国实施的搬迁移民项目具有非常显著的减贫效应。

表 7-5　生命历程中未成年时期的人口迁移与代际收入流动：基准分析

被解释变量	变量	≤50 分位数（1）	<75 分位数（2）	≥75 分位数（3）
模型 A：代际收入向上流动	实验组 VS 控制组	0.072* (0.038)	0.041 (0.036)	−0.086** (0.043)
	样本数	541	691	288
	R 平方	0.134	0.095	0.062
	控制变量	控制	控制	控制
模型 B：代际收入排序差值	实验组 VS 控制组	2.872 (2.360)	0.301 (2.314)	−6.448* (3.405)
	样本数	541	691	288
	R 平方	0.176	0.125	0.139
	控制变量	控制	控制	控制

注：***、** 和 * 表示系数在 1%、5% 和 10% 的水平上显著。列（1）和列（2）的括号内为聚类到家庭层面的稳健标准误。控制变量主要包括性别、年龄、子女文化程度、父母文化程度和年龄。模型 A 和模型 B 中≤50 分位数是指父母收入排序在 0~50 分位数之间的样本；<75 分位数是指父母收入排序在 0~74 分位数之间的样本；≥75 分位数是指父母收入排序在 75~99 分位数之间的样本。

并不是每个被选中的村庄中的家庭都会选择搬迁，选中成为搬迁村的家庭可能会根据家庭的具体情况而选择是否迁移。因此，直接使用实际发生搬迁移民作为是否在未成年时期发生人口迁移的衡量可能存在内生性。鉴于此，依据安格瑞斯特等人（Angrist et al., 1996），因本斯和安格瑞斯特（Imbens & Angrist, 1994）以及吉布森等人（Gibson et al., 2019）的研究，本章使用是否被选中为搬迁村的家庭作为工具变量，基于式（7-6）来估计生命历程中未成年时期的人口迁移对获得搬迁移民资格，并且实际完成了人口迁移的群体的因果效应。由表 7-6 的结果可知，本章基准分析的结果依旧成立。

表 7-6　生命历程中未成年时期的人口迁移与代际收入流动：工具变量估计

被解释变量	变量	≤50 分位数 (1)	<75 分位数 (2)	≥75 分位数 (3)
模型 A：代际收入向上流动	实验组 VS 控制组	0.079* (0.045)	0.044 (0.042)	−0.057 (0.048)
	样本量	541	691	288
	R 平方	0.130	0.093	0.061
	控制变量	控制	控制	控制
模型 B：代际收入排序差值	实验组 VS 控制组	3.132 (2.217)	0.328 (2.488)	−7.201** (3.481)
	样本量	541	691	288
	R 平方	0.173	0.125	0.149
	控制变量	控制	控制	控制

注：***、**、*表示在1%、5%和10%水平上显著。括号内为聚类到家庭层面的稳健标准误。控制变量主要包括性别、年龄、子女文化程度、父母文化程度和年龄。

三、稳健性检验

在本节，我们将从以下四个方面检验基准分析结果的稳健性（见表7-7）。

表 7-7　生命历程中未成年时期人口迁移与代际收入流动：稳健性分析

类别	代际收入向上流动			代际收入排序差值		
	≤50 分位数	<75 分位数	≥75 分位数	≤50 分位数	<75 分位数	≥75 分位数
	(1)	(2)	(3)	(4)	(5)	(6)
模型 A：调整回迁样本						
实验组 VS 控制组	0.097** (0.038)	0.053 (0.037)	−0.045 (0.046)	5.094** (2.385)	1.398 (2.350)	−6.302* (3.558)
样本量	541	691	288	541	691	288
R 平方	0.138	0.096	0.053	0.180	0.126	0.138

表 7-7（续）

类别	代际收入向上流动			代际收入排序差值		
	≤50 分位数	<75 分位数	≥75 分位数	≤50 分位数	<75 分位数	≥75 分位数
	（1）	（2）	（3）	（4）	（5）	（6）
模型 B：纳入更多家庭和村庄控制变量						
实验组 VS 控制组	0.022 (0.063)	−0.022 (0.057)	−0.080 (0.061)	2.438 (3.624)	0.632 (3.448)	−8.087* (4.785)
样本量	541	691	288	541	691	288
R 平方	0.173	0.131	0.155	0.216	0.166	0.198
模型 C：倾向得分匹配法（PSM）						
实验组 VS 控制组	0.052 (0.037)	0.020 (0.084)	−0.078* (0.046)	1.374 (2.540)	−1.360 (2.413)	−7.204** (3.556)
样本量	541	288	288	541	150	288
模型 D：主观代际流动						
	≤50 分位数	≤50 分位数	<75 分位数	<75 分位数	≥75 分位数	≥75 分位数
实验组 VS 控制组	0.155* (0.093)	0.132 (0.096)	0.084 (0.085)	0.070 (0.087)	0.061 (0.117)	0.051 (0.119)
样本量	172	172	252	252	190	190
R 平方	0.016	0.038	0.001	0.034	0.001	0.027

注：***、** 和 * 表示系数在 1%、5% 和 10% 的水平上显著。括号内为聚类到家庭层面的稳健标准误。列（1）~列（6）的回归结果都控制了性别、年龄、子女文化程度等控制变量。倾向得分匹配（PSM）方法汇报的是使用核匹配方法计算得到的 ATT 结果。在模型 D 中，分别展示了 50 分位数及以下群体、75 分位数以下群体和 75 分位数及以上群体，未控制和控制个体和家庭特征两种情况下的结果。

　　第一，对于 1994 年实际搬迁的家庭，出现了有的搬迁家庭回迁到原来的村庄或者搬迁到别的地方居住的现象。切迪和亨德伦（Chetty & Hendren，2018）指出当家庭搬迁到较好的（如贫困程度较低、公共服务水平较高）社区居住时，居住地对子女收入带来的正向效应平均每年保持在 4% 左右。由此可见，居住在较好的社区的时间越长，搬迁家庭受到的累积正向效应越大。实地调查中，我们发现有 23 户实际搬迁的农户，在搬迁到接收村后又回迁到原居住地或其他地区。鉴于此，本章将有过回迁或迁移到别的地方居住的样本调整为参照组，重新对生命历程中未成年时期的人口迁移与代际收入流动的关系进行了估计。模型 A 展示了调整实验组中回迁样本后的估计结果。其中，对于 50 分位数以下的样本，调整回迁家庭后是否实现代际向上流动的估计系数为 0.097。该系数显著大于基准分析结果（0.072）。而代际收入排序差值的估计系数为 5.094，该系数也显著大于基准分析结果（2.872）。这与切迪等人（Chetty et al.，2016）的研究是一致的。对于 75 分位数及以上的样本，估计系数与基准分析结果相近。

第二，参考切迪等人（Chetty et al.，2016）和范等人（Fan et al.，2021）的研究，本章纳入子女户口类型、1993 年村庄人数、人均收入和地理位置等特征变量进一步考察基准结果的稳健性。直觉上，纳入子女户口类型和村庄特征变量后，生命历程中未成年时期的人口迁移对子女代际收入流动的影响没有发生较大变化，则说明本章的基准结果是稳健性的。从表 7-7 模型 B 的结果来看，未成年时期的人口迁移对 50 分位数及以下、75 分位数以下和 75 分位数及以上群体代际向上流动和代际收入排序差值的影响方向和系数与基准分析结果基本一致。这说明，在控制父母和村庄特征的基础上，基准分析结果仍然是稳健的。

第三，由于被选中为搬迁村的家庭在实际是否搬迁时存在自选择问题。鉴于此，为了克服搬迁家庭自选择导致的估计偏差，本章进一步使用倾向得分匹配（PSM）中的核匹配对基准分析结果进行稳健性检验（Harding，2003）。倾向得分匹配的平衡性检验显示，总体上，变量的均值（中位数）偏误基本都下降了（由 7.9% 下降到 1.2%），全部变量组间差异的 P 值增加了（由 0.106 增加到 0.974），且全部变量的差异在组间检验均不显著。这说明该匹配是有效的，通过匹配后，实验组和控制组之间不存在系统性差异。由此可见，PSM 有效地克服了搬迁移民的内生性问题，使用该方法估计的处理组平均处理效应（ATT）就是未成年时期的人口迁移与子女代际收入流动的因果效应。具体上，模型 C 的列（1）~列（6）列汇报了使用核匹配对 50 分位数及以下群体、75 分位数以下群体和 75 分位数及以上群体的估计结果。可以发现，生命历程中未成年时期的人口迁移对子女代际收入流动的影响程度和方向与基准分析结果是一致的。

第四，调查问卷对子女主观社会地位进行了询问，具体是"您觉得您的社会地位与您父亲相比，您的社会地位是?"，其选项为"大大低于、低于、一样、高于和大大高于"5个选项。同样地，也询问了"您觉得您的地位与您母亲相比，您的社会地位是?"，其选项与父亲的相同。鉴于此，本章基于父母平均的主观代际流动水平，探讨了生命历程中未成年时期的人口迁移与子女主观代际流动水平的因果关系。模型D显示，对于50分位数及以下的样本，生命历程中未成年时期的人口迁移对子女主观代际流动水平的影响为0.155。这说明，生命历程中未成年时期的人口迁移能够提高低收入搬迁家庭子女的主观代际流动水平。因此，这也从侧面证明了基准分析结果的稳健性。

四、异质性分析

异质性分析主要从搬迁家庭子女性别和搬迁家庭地理位置两个方面展开。表7-8报告了基于搬迁家庭子女性别和搬迁家庭地理位置两种情况的影响，生命历程中未成年时期的人口迁移对子女代际收入流动的异质性影响结果。性别方面，整体上，50分位数及以下群体中，女性实现代际向上流动的概率和代际收入排序差值高于男性。这说明，未成年时期的人口迁移显著提高了低收入家庭中女性向上代际流动的概率和绝对水平。换言之，生命历程中未成年时期的人口迁移能够显著提高贫困地区低收入家庭女性子女逃离代际贫困陷阱概率，并且增强低收入家庭女性子女代际收入绝对水平。对于75分位数及以上群体，未成年时期的人口迁移使得女性子女陷入代际贫困的可能性显著高于男性，并且未成年时期的人口迁移对代际收入排序差值的负向影响也显著高于男性。可见，生命历程中未成年时期的人口迁移使得贫困地区高收入家庭子女受到显著的负向影响，并且女性后代受到的负向影响更大。

区域方面，调查样本主要分布在博山区的东南部和西北部的山区。鉴于此，本章将进一步从区域上探讨生命历程中未成年时期的人口迁移对代际收入流动长期影响的区域差异性。对于50分位数及以下群体，未成年时期的人口迁移使得东南部地区家庭中子女代际向上流动和代际收入排序差值都显著高于西北部地区。对于75分位数及以上群体，未成年时期的人口迁移使得东南部地区家庭中子女代际向上流动的概率显著低于西北部地区。因此，对于山东博山的搬迁移民项目而言，与西北部地区搬迁的贫困家庭相比，东南部地区搬迁的贫困家庭子女受到的代际收入流动正向影响更加突出。但是，对于东南部地区搬迁家庭中的高收入阶层而言，其受到的负向影响也显著高于西北部地区的家庭。

表 7-8　生命历程中未成年时期的人口迁移与代际收入流动：异质性分析

类别	男性：代际向上流动			女性：代际向上流动		
	≤50分位数	<75分位数	≥75分位数	≤50分位数	<75分位数	≥75分位数
模型 A. 分性别	（1）	（2）	（3）	（4）	（5）	（6）
实验组 VS 控制组	0.056 (0.044)	0.006 (0.046)	−0.070 (0.065)	0.055 (0.061)	0.055 (0.055)	−0.107** (0.049)
样本量	277	363	161	264	328	127
R 平方	0.040	0.014	0.035	0.057	0.052	0.130
类别	男性：代际收入排序差值			女性：代际收入排序差值		
	（7）	（8）	（9）	（10）	（11）	（12）
实验组 VS 控制组	1.566 (3.226)	−2.462 (3.098)	−8.510** (4.129)	2.462 (3.275)	2.075 (3.251)	−9.537* (5.376)
样本量	277	363	161	264	328	127
R 平方	0.056	0.033	0.084	0.057	0.035	0.047
模型 B. 分区域						
类别	西北部：代际向上流动			东南部：代际向上流动		
	≤50分位数	<75分位数	≥75分位数	≤50分位数	<75分位数	≥75分位数
	（1）	（2）	（3）	（4）	（5）	（6）
实验组 VS 控制组	0.040 (0.081)	0.007 (0.071)	−0.004 (0.056)	0.061 (0.049)	0.019 (0.047)	−0.104* (0.062)
样本量	161	219	109	380	472	179
R 平方	0.187	0.145	0.069	0.132	0.090	0.065
类别	西北部：代际收入排序差值			东南部：代际收入排序差值		
	（7）	（8）	（9）	（10）	（11）	（12）
实验组 VS 控制组	0.254 (4.757)	0.933 (4.167)	−6.666 (4.858)	3.856 (3.039)	−0.471 (3.133)	−8.963** (4.527)
样本量	161	219	109	380	472	179
R 平方	0.208	0.329	0.174	0.185	0.128	0.143

注：***、**和*表示系数在1%、5%和10%的水平上显著。括号内为聚类到家庭层面的稳健标准误。控制变量主要包括：性别、年龄、子女文化程度、父母文化程度和父母年龄。

迁移距离方面，博山区的东南部和西北部的搬迁家庭平均到城区的距离分别为43.1公里和24.2公里，本章将进一步探讨迁移距离与代际流动关系。整体上，随着迁移距离的增加，实验组代际流动概率和代际收入排序差值也不断提高且显著高于参照组。随着迁移距离的增加实验组代际流动概率和代际收入排序差值呈现不断降低趋势。综上可知，随着迁移距离的增加，生命历程中未成年时期的人口迁移对低收入阶层中搬迁群体代际流动的正向作用不断加强；但对高收入阶层群体中搬迁群体代际流动的负向作用也在不断增强。

五、机制分析

关于生命历程中未成年时期的人口迁移对子女长期发展的作用机制研究，主要集中在人口迁移对子女人力资本和社会资本两个方面。希恩（Chyn，2018）对美国搬迁移民进行研究发现，搬迁家庭7~12岁的子女成年后能够获得更高收入的原因是教育水平改善。然而，人口迁移也可能改变甚至破坏搬迁家庭的社会网络（Kadushin & Jones，1992），从而使得搬迁家庭子女受到负向冲击。巴恩哈特等人（Barnhardt et al.，2017）对印度贫民窟随机搬迁移民项目的研究显示，搬迁使得搬迁家庭远离原来的居住地，搬迁家庭原有的社会资本受到破坏，最终导致搬迁家庭父母和子女的收入都低于未搬迁家庭。切迪等人（Chetty et al.，2016）对美国面向机会的迁移（MTO）的研究发现，搬迁家庭中子女的年龄在13~18岁时，迁移将对其成年后的就业和收入等造成负向冲击。主要原因是，迁移家庭的青少年作为迁入地的新成员，较难与本地同学成为亲密朋友，甚至不受欢迎，更不易成为流入地同龄人社会网络的中心。进一步地，流动青少年往往与流入地成绩较差的青少年构建起社会网络，成为其社会网络中的一员（South et al.，2007）。

约恩（Jeon，2020）对美国面向机会的人口迁移进行研究发现，对于社会网络较高的迁移者，在迁入地提供较高社会服务的情况下，仍然有59%的可能性会回迁到初始居住地。迁入地的社会服务无法替代社会网络，尤其对拥有高社会网络的迁移者而言更是如此。但是，对于社会资本较低的迁移者，迁入地提供的社会服务越多，其回迁的可能性越低。对于社会资本较低的迁移者，迁入地提供的社会服务可以有效地替代其原有社会资本所能提供的社会服务。换言之，对于社会资本水平较低的搬迁家庭，搬迁对其社会资本带来的损失，可以通过迁入地提供的社会服务得到补偿。拜尔等人（Bayer et al.，2008）以及格拉夫和弗拉普（Graaf & Flap，1988）的研究发现，构建良好的邻里关系，有助于邻里间通过推荐工作（提供非正式就业信息）的方式，使得同一社区的劳动者就业匹配程度更高，从而提高就业者的收入水平（Portes，1998）。因此，迁移可以通过提高搬迁家庭社会网络促进子女人力资本的形成（Coleman，1988），还能为子女获得代际向上流动提供社会网络。

基于已有研究，结合山东博山搬迁移民项目的实际调查情况。本章构建了生命历程中未成年时期的人口迁移通过人力资本和社会资本对子女代际收入流动的影响机制。生命历程中未成年时期的人口迁移使得贫困地区家庭搬迁到公共服务设施和贫困率较低的城郊地区，从而使得搬迁家庭中的子女，尤其是低收入搬迁家庭中的子女能够获得好的教育和卫生等服务，进而有助于搬迁家庭子女人力资本水平的提升。生命历程中未成年时期的人口迁移对于搬迁村中不同收入阶层群体的社会资本破坏具有不同特征。对于低收入阶层而言，该群体拥有的社会资本水平较低，社会网络的范围也较小，多集中于村（社区）内（Small，2007）。此外，由于接收村都是工业发达的村镇，搬迁村的村民几乎不可能到接收村再次从事种植养殖业。同时，由于搬迁村距离接收村距离较远（大约38.27公里）。因此，搬迁村村民几乎难以回到原住地进行种植养殖。因此，对于低收入群体而言，其务农的技能受到了破坏。

对于搬迁村中高收入阶层而言，整体上，该群体主要由搬迁村中的政治、经济、社会精英组成。与中低收入群体相比，该群体拥有的社会资本水平相对较高，且具有不同特征（Small，2007）。比如，政治精英主要是搬迁村中擅于并积极参与村级管理发展的群体，其社会资本的突出特征是在村级政治参与和管理上具有显著优势；经济精英主要是搬迁村中擅于种植养殖的群体，其更突出地是拥有较高的种植养殖技能水平，并有相对较强的经济水平构建出的范围较广的社会网络；社会精英主要是搬迁村中擅于与其他村民交流、合作等群体，其社会资本的突出特征是拥有社会交流的人数更多、社会交往范围相对较广。搬迁移民造成搬迁村中政治精英丧失村庄领导和管理的主导地位；经济精英则由于从种植养殖过渡到工业生产而造成技能转换成本过高，即机会成本较大；社会精英则由于接收村距离搬迁村距离较远，搬迁将使其难以维系原有村庄所在地的社会网络

（Davanzo，1981）。

综上，山东博山这种一对一的搬迁移民方式，剥夺了搬迁村村民对新居住地选择的权利。这导致了搬迁群体中的高收入阶层社会资本遭到破坏，技能错配严重，进而影响父母和子女的就业和收入。搬迁群体中的低收入群体尽管种植养殖技能遭到破坏，但是其在接收村通过与接收村村民互动，或者共同参与到社区的建设等活动中，获得了新的社会资本，这为他们的子女代际向上流动构建了有用的社会网络，其新形成的社会网络可能远远大于未搬迁前所拥有的社会网络。同时，搬迁移民使得贫困地区低收入阶层能够获得更好的公共服务，如教育和医疗服务等，进而促进低收入阶层家庭中子女的人力资本水平的提升。最终，提升子女的收入水平，实现向上的代际流动。

基于以上分析，并参考切迪等人（Chetty et al.，2014）、希恩（Chyn，2018）以及孙三百、黄薇和洪俊杰（2012）的研究，本章使用子女受教育程度和自评健康水平分别表征子女的人力资本水平。同时，根据搬迁后（1995 年）被访者家庭是否参加所在社区（村）的文体活动，以及是否参加所在社区（村）委员会活动，构造出被访者社会资本水平。综上，本章构建出的生命历程中未成年时期的人口迁移与代际收入流动作用机制的估计方程如下：

$$y_i = \alpha + \beta \, \text{TakeExp}_i + \gamma \, \text{Capital}_i \times \text{TakeExp}_i + \varepsilon_i \qquad (7\text{-}7)$$

式中，TakeExp_i 为是否参与搬迁移民的指示变量。Capital_i 为人力资本和社会资本中介变量。

表 7-9 展示了使用式（7-7）计算出的生命历程中未成年时期的人口迁移与代际收入流动的机制分析结果。列（1）~列（9）分别是低收入阶层（50 分位数及以下）、中低收入阶层（75 分位数以下）和高收入阶层（75 分位数及以上）的估计结果。模型 A 显示，列（2）中是否迁移与教育的交互项估计系数为正，且在 5% 的水平上显著；教育的估计系数也为正。这意味着对于中低收入群体而言，人口迁移会通过提高教育的路径进一步提高子女代际向上流动的概率。列（3）中迁移与教育的交互项估计系数为负，且在 10% 的统计水平上显著。教育变量的估计系数为正。这说明，生命历程中未成年时期的人口迁移显著降低了教育对高收入群体代际向上流动的正向影响。类似地，模型 B 显示，列（2）中是否迁移与教育的交互项估计系数为正，且在 5% 的统计水平上显著。这说明，对于中低

收入的群体而言，人口迁移会通过提高教育这一路径进一步提高子女代际收入排序的水平。列（3）中是否迁移与教育的交互项估计系数为负，且在 5% 的水平上显著。由此可知，生命历程中未成年时期的人口迁移会降低高收入群体中迁移家庭子女的教育水平，教育水平的降低将促进迁移家庭代际收入绝对水平的降低。

模型 A 和模型 B 的列（4）～列（6）展示了迁移与自评健康交互项的系数。对于中低收入群体而言，人口迁移强化了健康对代际向上流动概率和代际收入排序差值的正向作用。对于高收入群体而言，人口迁移降低了健康对代际向上流动和代际收入排序差值的正向作用，即生命历程中未成年时期的人口迁移通过提升中低收入群体的健康水平进一步提高其代际流动水平；反之，生命历程中未成年时期的人口迁移降低了高收入群体的健康水平进一步降低了其代际收入流动水平。模型 A 和模型 B 的列（7）～列（9）展示了迁移与社会资本交互项的系数，结果显示，未成年时期的人口迁移提高了中低收入群体社会资本，进而有助于其代际收入流动水平的提升；而未成年时期的人口迁移降低了高收入群体社会资本水平，进而降低了其代际收入流动水平。

表 7-9　生命历程中未成年时期人口迁移与代际收入流动：机制分析

变量	≤50 分位数 （1）	<75 分位数 （2）	≥75 分位数 （3）	≤50 分位数 （4）	<75 分位数 （5）	≥75 分位数 （6）	≤50 分位数 （7）	<75 分位数 （8）	≥75 分位数 （9）
模型 A：代际向上流动概率									
迁移	−0.063 (0.119)	−0.163 (0.107)	0.127 (0.125)	−0.252 (0.215)	−0.380** (0.189)	−0.224 (0.189)	0.350* (0.198)	0.036 (0.071)	−0.070 (0.055)
教育	0.021 (0.018)	0.013 (0.017)	0.043** (0.018)						
迁移×教育	0.030 (0.026)	0.047** (0.023)	−0.047* (0.028)						
健康				0.031 (0.030)	0.029 (0.028)	0.050 (0.035)			
迁移×健康				0.068 (0.047)	0.093** (0.042)	0.030 (0.045)			
社会资本							0.089** (0.037)	0.050 (0.059)	0.117** (0.055)
迁移× 社会资本							−0.056 (0.042)	0.001 (0.082)	−0.030 (0.079)
样本量	691	541	288	541	691	288	541	691	288
R 平方	0.018	0.017	0.034	0.020	0.025	0.029	0.020	0.003	0.036

表 7-9（续）

变量	≤50 分位数 (1)	<75 分位数 (2)	≥75 分位数 (3)	≤50 分位数 (4)	<75 分位数 (5)	≥75 分位数 (6)	≤50 分位数 (7)	<75 分位数 (8)	≥75 分位数 (9)
模型 B：代际收入排序差值									
迁移	-6.360 (7.548)	-14.402** (7.122)	15.667 (11.232)	-28.169*** (12.463)	-37.820*** (12.348)	-21.829 (18.755)	20.997*** (10.605)	-0.332 (4.444)	-6.001 (4.804)
教育	2.167* (1.172)	1.125 (1.171)	3.319** (1.569)						
迁移×教育	2.154 (1.793)	3.509** (1.640)	-5.418** (2.640)						
健康				0.445 (1.884)	0.532 (1.865)	3.018 (2.733)			
迁移×健康				6.697** (2.752)	8.524*** (2.729)	3.012 (4.198)			
社会资本							5.080*** (1.945)	1.201 (3.320)	7.577** (3.771)
迁移×社会资本							3.834 (2.304)	0.349 (5.070)	-3.785 (6.209)
样本量	691	541	288	541	691	288	541	691	288
R 平方	0.024	0.030	0.045	(0.021)	0.031	0.034	0.013	0.001	0.034

注：*** 、** 和 * 表示系数在 1%、5% 和 10% 的水平上显著。括号内为聚类到家庭层面的稳健标准误。

第五节　本章小结

　　基于我国 1994 年实施的将贫困山区农户搬迁到贫困程度较低的城区（郊）的搬迁移民项目，本章探讨了生命历程中未成年时期的人口迁移对迁移家庭子女代际收入流动的长期影响。同时，本章也是对第四章提出的探讨人口迁移与代际收入流动因果关系及作用机制问题的详细回答。

　　整体上，生命历程中未成年时期的人口迁移降低了迁移群体陷入代际贫困陷阱的概率，同时提高了迁移群体代际收入水平，促进了迁移群体的阶层流动；迁移群体的代际收入弹性系数、代际收入相关性系数和代际收入排序系数都显著小于未迁移群体。实证结果显示，生命历程中未成年时期的人口迁移对低收入阶层中迁移家庭子女代际向上流动有显著的正向作用。然而，生命历程中未成年时期的人口迁移显著降低了高收入阶层中迁移家庭子女代际向上流动的概率和代际收入排序差值。此外，生命历程中未成年时期的人口迁移对低收入阶层中迁移家庭的女性子女代际向上流动概率的正向作用显著大于男性。迁移距离越远，迁移对低收入阶层子女代际向上流动概率的正向影响越大，对高收入阶层子女代际向上流动概率的负向影响也越大。

人力资本和社会资本可能是提高低收入阶层的迁移家庭子女代际向上流动概率和代际收入排序水平的重要中介因素。具体地，生命历程中未成年时期的人口迁移显著提高了低收入迁移家庭子女人力和社会资本水平，进而人力和社会资本水平的提升为其子女代际收入流动提升产生了显著的促进作用。反之，生命历程中未成年时期的人口迁移破坏了高收入迁移家庭子女的人力和社会资本，从而降低了其代际收入流动水平。

第八章 研究结论和政策启示

消除贫困、促进代际流动是社会主义发展的本质要求。本书从生命历程这一视角探讨了人口迁移与代际收入流动的关系。长期以来，囿于全国性居民生命历程微观调查数据的缺失，基于生命历程视角对我国人口迁移规律的总结几乎是空白的。对于公共服务与生命历程中我国人口动态迁移关系的探讨更是少有涉及。而关于我国人口迁移对代际收入流动长期影响的研究，则由于缺乏解决内生性问题的有效手段和长期追踪调查数据的缺乏，对于二者的因果关系并未有全面的认识。鉴于此，本书首先对我国人口迁移与代际收入流动的概况及关系进行了初步分析。接着，基于我国人口迁移与代际收入流动的基本特征，参考生命历程、人口迁移、公共品供给、空间均衡和代际收入流动理论以及相关政策背景，本书着重探讨了以下三个问题：①在生命历程视角下，探讨我国人口迁移的时空特征，以及升学、就业和婚姻事件对生命历程中人口迁移的影响。②基于生命历程视角，探讨公共服务对我国人口动态迁移的影响及异质性特征。③基于搬迁移民这一准自然实验，探讨生命历程中未成年时期的人口迁移对代际收入流动的长期影响及作用机制。

第一节 研究结论

基于生命历程视角下，对我国人口迁移与代际收入流动关系的探讨，本书主要得到以下三点结论。

第一，利用2014年中国健康与养老追踪调查—生命历程调查数据探讨了生命历程中我国人口迁移的时空特征。结果显示，生命历程中我国人口迁移概率分布呈现由低到高再逐渐降低的倒"U"形特征，其中，20～40岁是我国人口迁移的高峰期；我国20世纪40年代—50年代出生群体其生命历程中的人口迁移概率分布更符合"罗杰斯曲线"。从生命历程视角来看，一线城市、省会城市和东部地区的城市群是我国人口的主要迁入地；我国迁移人口的平均居留时间呈现不断下降趋势，而迁移距离在不断增加。生命历程中有过迁移经历的群体具有更高的人力资本，所居住城市具有更高的公共服务水平；此外，迁移群体在短期和长期上都具有更高的收入水平。升学、就业和婚姻事件能够有效地触发我国人口迁移；其中，升学和就业对非农户口、高文化程度和男性人口迁移的正向影响显著大于农业户口和女性，婚姻对女性迁移的正向影响显著大于男性。

第二，将 2014 年中国健康与养老追踪调查—生命历程调查数据和《中国城市统计年鉴》相结合，基于生命历程视角对公共服务与我国人口动态迁移的分析显示，教育、医疗和文化公共服务对生命历程中的首次迁移具有显著的正向影响，教育和医疗公共服务对生命历程中的再迁移同样具有显著的正向影响，且这种正向影响有所增强。对于生命历程的不同时期而言，在生命历程的后期阶段，教育和医疗公共服务对人口动态迁移的影响都要高于生命历程的早期阶段。教育、医疗和文化公共服务对人口动态迁移的影响具有显著的异质性特征：受教育水平越高、非农户口和女性受公共服务的正向影响更大。此外，整体上，被广泛使用的静态分析模型低估了公共服务对生命历程中人口动态迁移的正向影响，尤其是教育公共服务。

第三，基于山东博山 1994 年实施的搬迁移民准自然实验，对未成年时期的人口迁移与代际收入流动的研究显示，未成年时期的人口迁移显著提高了低收入阶层跨越代际贫困陷阱可能性。与没有进行人口迁移的同龄人相比，未成年时期的人口迁移显著提升了低收入搬迁家庭子女代际向上流动概率。然而，未成年时期的人口迁移降低了高收入搬迁家庭子女代际向上流动的概率和代际收入排序差值。未成年时期的人口迁移对代际收入流动的影响具有异质性特征。其中，未成年时期的人口迁移对低收入搬迁家庭中女性子女代际向上流动概率的正向作用显著大于男性；迁移距离越远，未成年时期的人口迁移对低收入搬迁家庭子女代际向上流动概率的正向影响越大，对高收入搬迁家庭子女代际向上流动概率的负向影响也越大。此外，人力资本和社会资本可能是提升低收入搬迁家庭子女代际向上流动概率和代际收入排序水平的重要中介因素。具体地，未成年时期的人口迁移显著提高了低收入搬迁家庭子女人力和家庭社会资本水平，进而人力和社会资本水平的提升为其子女代际收入流动提升产生了促进作用。反之，未成年时期的人口迁移破坏了高收入搬迁家庭子女的人力和社会资本，从而降低了其代际收入流动水平。

第二节　政策启示

基于以上结论，我们得到了以下三个方面的政策启示。

第一，生命历程中我国人口动态迁移是不断寻求最优居住环境的过程，因此，应加大力度破除户籍制度等体制障碍，促进我国人口自由迁移。近几年，虽然我国基本完全放开了300万常住人口以下城市的落户限制，但是北京、上海、广州等大城市依旧设立着较高的落户门槛。同时，部分城市在子女教育方面，依旧要求外来人口在获得本地户籍的情况下，还应交纳社保后其子女才能获得上学资格。由此可见，阻碍我国人口自由迁移、公平获得城市公共服务的障碍依旧较多。这极大地降低了我国居民通过迁移获得更优居住环境的可能性。因而，进一步破除我国人口自由迁移的各种隐形障碍，发挥人口自由迁移促进个体人力资本积累的积极作用。进而使人们能够获得更好的就业，提升我国居民的收入水平和代际向上流动的可能性。

第二，加快我国公共服务均等化改革进程，使公共服务公平可及地覆盖每一个公民。公共服务是生命历程中我国人口动态迁移的主要动因，并且在生命历程后期，医疗公共服务的正向影响更加突出。然而，长期以来不平等的城乡公共服务、不均衡的区域公共服务分布一直是吸引外来人口向拥有优质公共服务城市聚集的重要拉力。这导致了我国人口分布不均衡程度进一步加剧。同时，具有较好公共服务的一线城市、东部地区的大城市将吸引大量人才流入，进一步导致了我国中西部地区大量人才的不断流失。此外，以户籍制度为核心的体制，使得迁入城市的外来人口无法享受与城市人口平等的公共服务，导致城市外来人口社会融入度降低，加剧了我国不平等程度，不利于社会公平发展。因此，加快我国公共服务均等化改革，使城市外来人口公平的享受城市公共服务，这将有利于促进我国社会流动、社会的公平发展以及和谐社会的建立。

第三，我国政府机构可以进一步构建和完善针对绝对贫困、相对贫困群体的搬迁移民政策，发挥搬迁移民这种人口迁移模式在解决我国绝对贫困人口陷入代际贫困陷阱，以及促进我国相对贫困人口实现代际向上流动的积极作用。本书的研究证明搬迁移民有利于促进我国绝对贫困人口摆脱代际贫困陷阱，斩断贫困代际传递的链条，实现代际向上流动。然而，针对贫困地区收入最高的群体，这种搬迁移民方式并未促进其代际向上流动。因此，应进一步完善针对贫困地区贫困人口的搬迁移民政策。比如，①提供多样化的搬迁安置方式，根据搬迁家庭的特征分类进行安置，规避集中安置带来的居住隔离，通过开展社区活动等形式促进搬迁家庭与迁入地家庭的融合以及社会资本的形成和提升；②对搬迁家庭提供更多的帮扶政策（如技能培训、就业指导和子女上学等），并适当延长帮扶政策的享受时间，从而真正实现贫困地区的贫困家庭搬得出、稳得住，真正摆脱代际贫困陷阱，实现可持续发展；③引导搬迁村家庭积极参与社区娱乐活动、社区日常管理，使搬迁村家庭积极融入新的社区，提升其社区归属感。同时，通过社区活动提高搬迁村家庭社会资本重构和提升，发挥社会资本在搬迁家庭就业、子女代际流动方面的促进作用。

此外，积极探索构建针对我国相对贫困人口搬移移民的迁移模式。2020 年以后，我国进入相对贫困时期，长期未受关注的城市贫困问题和农村相对贫困问题将成为我国新时期贫困问题的核心。针对新时期的贫困问题，搬迁移民政策在迁移群体的选择、迁移方案的设计等方面都应进一步调整和完善。搬迁移民在短期内可以改善了人口的生存和发展环境，在长期内对于我国代际流动具有显著的促进作用。这对于稳定脱贫、可持续性脱贫以及改善我国社会流动具有重要意义。因此，搬迁移民可以逐步成为我国政府破除阶层固化现象，改善我国代际流动的重要政策手段。

参考文献

包蕾萍，2005. 生命历程理论的时间观探析 [J]. 社会学研究（4）：120-133.

卜民，2018. 农村人口迁移与代际收入流动 [J]. 当代经济（23）：108-111.

蔡昉，1995. 人口迁移和流动的成因、趋势与政策 [J]. 中国人口科学（6）：8-16.

蔡昉，2001. 劳动力迁移的两个过程及其制度障碍 [J]. 社会学研究（4）：44-51.

蔡昉，都阳，王美艳，2003. 劳动力流动的政治经济学 [M]. 上海：上海人民出版社.

陈晨，2018. 农民工首次返乡风险研究（1980—2009）：基于个人迁移史的事件史分析 [J]. 人口与经济（5）：91-99.

陈丹，任远，戴严科，2017. 农地流转对农村劳动力乡城迁移意愿的影响 [J]. 中国农村经济（7）：56-71.

陈杰，苏群，周宁，2016. 农村居民代际收入流动性及传递机制分析 [J]. 中国农村经济（3）：36-53.

陈诗一，陈登科，2018. 雾霾污染、政府治理与经济高质量发展 [J]. 经济研究（2）：20-34.

邓曲恒，2013. 农村居民举家迁移的影响因素：基于混合 Logit 模型的经验分析 [J]. 中国农村经济（10）：17-29.

邓曲恒，古斯塔夫森，2007. 中国的永久移民 [J]. 经济研究，42（4）：137-148.

邓曲恒，邢春冰，2018. 对空气质量的支付意愿：基于迁移决策的计量分析 [J]. 劳动经济研究，6（6）：23-43.

邸玉娜，2014. 代际流动、教育收益与机会平等：基于微观调查数据

的研究 [J]. 经济科学 (1): 65-74.

段成荣, 2001. 省际人口迁移迁入地选择的影响因素分析 [J]. 人口研究, 25 (1): 56-61.

段成荣, 吕利丹, 王涵, 等, 2020. 从乡土中国到迁徙中国: 再论中国人口迁移转变 [J]. 人口研究, 44 (1): 19-25.

段成荣, 谢东虹, 吕利丹, 2019. 中国人口的迁移转变 [J]. 人口研究, 43 (2): 12-20.

段巍, 王明, 吴福象, 2020. 中国式城镇化的福利效应评价 (2000—2017): 基于量化空间模型的结构估计 [J]. 经济研究 (5): 166-182.

范剑勇, 周梦天, 王之, 2021. 流动人口家庭的"双城记": 工作机会与公共服务的空间分离 [R]. 工作论文.

付振奇, 陈淑云, 洪建国, 2017. 农村劳动力流动的区位选择: 影响因素及区域差异: 基于全国 28 个省份农民个体行为决策的分析 [J]. 华中师范大学学报 (人文社会科学版), 56 (5): 45-56.

高健, 孙战文, 吴佩林, 2014. 农民工家庭迁移状态的演进及其影响因素研究: 基于山东省 951 户的调查数据 [J]. 统计与信息论坛, 29 (8): 106-112.

高向东, 2018. 中国流动人口省际迁移距离及变化 [J]. 人口研究, 42 (6): 25-34.

高雅, 董志勇, 2018. 流动人口跨区域迁移与居留意愿 [J]. 北京联合大学学报 (人文社会科学版), 16 (1): 107-119.

郭熙保, 朱兰, 2017. 中等收入转型概率与动力因素: 基于生存模型分析 [J]. 数量经济技术经济研究 (10): 23-42.

郭于华, 常爱书, 2005. 生命周期与社会保障: 一项对下岗失业工人生命历程的社会学探索 [J]. 中国社会科学 (5): 93-107.

郭云南, 姚洋, 2013. 宗族网络与农村劳动力流动 [J]. 管理世界 (3): 69-81.

郭云南, 姚洋, JEREMY FOLTZ, 2014. 宗族网络与村庄收入分配 [J]. 管理世界 (1): 73-89.

韩峰, 李玉双, 2019. 产业集聚、公共服务供给与城市规模扩张 [J]. 经济研究 (11): 149-164.

何炜, 2020. 公共服务提供对劳动力流入地选择的影响: 基于异质性

劳动力视角 [J]. 财政研究 (3)：101-118.

洪俊杰，倪超军，2020. 城市公共服务供给质量与农民工定居选址行为 [J]. 中国人口科学 (6)：54-65.

洪小良，2007. 城市农民工的家庭迁移行为及影响因素研究：以北京市为例 [J]. 中国人口科学 (6)：42-50.

黄敦平，2016. 农村劳动力流动微观决策分析 [J]. 人口学刊，38 (5)：54-59.

江求川，2017. 中国代际收入流动性估计：基于随机系数模型 [J]. 南方经济 (5)：66-82.

孔凡斌，陈胜东，廖文梅，2017. 基于双重差分模型的搬迁移民减贫效应分析 [J]. 江西社会科学，37 (4)：52-59.

乐志强，2018. 高等教育促进代际流动的作用：基于"读书无用论"现象的思考 [J]. 北京社会科学 (10)：89-99.

李聪，王磊，李明来，2020. 鱼和熊掌不可兼得？易地搬迁，家庭贫困与收入分异 [J]. 中国人口·资源与环境，30 (7)：140-150.

李国正，艾小青，陈连磊，等，2018. 社会投资视角下环境治理、公共服务供给与劳动力空间集聚研究 [J]. 中国人口·资源与环境，28 (5)：58-65.

李建平，邓翔，2012. 我国劳动力迁移的动因和政策影响分析 [J]. 经济学家 (10)：58-64.

李路路，石磊，朱斌，2018. 固化还是流动：当代中国阶层结构变迁四十年 [J]. 社会学研究 (6)：1-34.

李路路，朱斌，2015. 当代中国的代际流动模式及其变迁 [J]. 中国社会科学 (5)：40-58.

李强，邓建伟，晓筝，1999. 社会变迁与个人发展：生命历程研究的范式与方法 [J]. 社会学研究 (6)：1-18.

李任玉，杜在超，何勤英，等，2014. 富爸爸、穷爸爸和子代收入差距 [J]. 经济学（季刊），14 (1)：231-258.

李薇，2008. 我国人口省际迁移空间模式分析 [J]. 人口研究 (4)：86-96.

李振京，张林山，2014. 我国户籍制度改革问题研究 [M]. 济南：山东人民出版社.

梁琦，陈强远，王如玉，2013. 户籍改革、劳动力流动与城市层级体系优化 [J]. 中国社会科学（12）：36-59.

林善浪，王健，2010. 家庭生命周期对农村劳动力转移的影响分析 [J]. 中国农村观察（1）：25-33.

刘欢，2017. 农村贫困的父辈代际传递与子辈户口迁移削弱效应研究 [J]. 中央财经大学学报（6）：82-90.

刘欢，2019. 户籍管制、基本公共服务供给与城市化：基于城市特征与流动人口监测数据的经验分析 [J]. 经济理论与经济管理（8）：60-74.

刘家强，王春蕊，刘嘉汉，2011. 农民工就业地选择决策的影响因素分析 [J]. 人口研究，35（2）：73-82.

刘金凤，魏后凯，2019. 城市公共服务对流动人口永久迁移意愿的影响 [J]. 经济管理，41（11）：20-37.

刘精明，2001. 向非农职业流动：农民生活史的一项研究 [J]. 社会学研究（6）：1-18.

刘望保，汪丽娜，陈忠暖，2012. 中国省际人口迁移流场及其空间差异 [J]. 经济地理，32（2）：8-13.

刘修岩，李松林，2017. 房价、迁移摩擦与中国城市的规模分布：理论模型与结构式估计 [J]. 经济研究，7：65-78.

刘晏伶，冯健，2014. 中国人口迁移特征及其影响因素：基于第六次人口普查数据的分析 [J]. 人文地理，29（2）：129-137.

刘玉兰，2013. 生命历程视角下童年期迁移经历与成年早期生活机会研究 [J]. 人口研究，37（2）：93-101.

卢盛峰，潘星宇，2016. 中国居民贫困代际传递：空间分布、动态趋势与经验测度 [J]. 经济科学（6）：5-19.

路兰，高齐圣，刘瑞超，2018. 劳动力迁移对社会阶层流动影响的实证分析 [J]. 统计与决策，34（24）：104-108.

路雅文，张正河，2018. 1978—2016年农村人口迁移的社会网络分析：来自中部人口流出大省C村的证据 [J]. 农业经济问题（3）：87-97.

罗楚亮，刘晓霞，2018. 教育扩张与教育的代际流动性 [J]. 中国社会科学（2）：121-140.

倪鹏飞，2009. 中国城市竞争力报告No.7 [M]. 北京：社会科学文献出版社.

潘静，陈广汉，2014. 家庭决策、社会互动与劳动力流动 [J]. 经济评论 (3)：40-50.

钱雪亚，宋文娟，2020. 城市基本公共服务面向农民工开放度测量研究 [J]. 统计研究，37 (3)：33-47.

盛亦男，2014. 中国流动人口家庭化迁居决策的个案访谈分析 [J]. 人口与经济 (4)：65-73.

石智雷，杨云彦，2012. 家庭禀赋、家庭决策与农村迁移劳动力回流 [J]. 社会学研究 (3)：157-181.

史铁，朱文章，傅十和，2021. 中国城市生活质量研究 [R]. 工作论文.

宋旭光，何佳佳，2019. 家庭化迁移经历对代际流动性的影响 [J]. 中国人口科学 (3)：92-102.

孙三百，黄薇，洪俊杰，2012. 劳动力自由迁移为何如此重要?：基于代际收入流动的视角 [J]. 经济研究，47 (5)：147-159.

孙伟增，张晓楠，郑思齐，2019. 空气污染与劳动力的空间流动：基于流动人口就业选址行为的研究 [J]. 经济研究，54 (11)：102-117.

孙战文，杨学成，2014. 市民化进程中农民工家庭迁移决策的静态分析：基于成本—收入的数理模型与实证检验 [J]. 农业技术经济 (7)：36-48.

孙战文，张菡冰，2019. 农业转移人口家庭成员动态迁移研究 [J]. 东岳论丛，40 (10)：44-55.

檀学文，2019. 中国移民扶贫 70 年变迁研究 [J]. 中国农村经济 (8)：2-19.

唐家龙，马忠东，2007. 中国人口迁移的选择性：基于五普数据的分析 [J]. 人口研究 (5)：42-51.

滕祥河，卿赟，文传浩，2020. 非自愿搬迁对移民职业代际流动性的影响研究：基于三峡库区调查数据的实证分析 [J]. 中国农村经济 (3)：97-117.

汪小芹，2018. 中国社会代际流动趋势与结构分解 [J]. 经济学动态 (11)：59-73.

王丽莉，乔雪，2019. 我国人口迁移成本、城市规模与生产率 [J]. 经济学 (季刊)，19 (1)：165-188.

王伟同，谢佳松，张玲，2019. 人口迁移的地区代际流动偏好：微观证据与影响机制 [J]. 管理世界，35 (7)：89-103.

王伟同，谢佳松，张玲，2019. 中国区域与阶层代际流动水平测度及其影响因素研究 [J]. 数量经济技术经济研究，36（1）：78-95.

王学龙，袁易明，2015. 中国社会代际流动性之变迁：趋势与原因 [J]. 经济研究（9）：58-71.

王湛晨，刘富华，2018. 后靠式移民对收入影响的研究：基于断点回归的估计 [J]. 贵州财经大学学报（6）：91-100.

王子成，赵忠，2013. 农民工迁移模式的动态选择：外出、回流还是再迁移 [J]. 管理世界（1）：78-88.

吴琼，2017. 早期的流动经历 [J]. 中国青年研究（1）：17-22.

武优勐，2020. 公共服务集聚对劳动力流动的影响 [J]. 财经科学（6）：120-132.

夏怡然，陆铭，2015. 城市间的"孟母三迁"：公共服务影响劳动力流向的经验研究 [J]. 管理世界（10）：78-90.

徐舒，李江，2015. 代际收入流动：异质性及对收入公平的影响 [J]. 财政研究（11）：23-33.

阳义南，连玉君，2015. 中国社会代际流动性的动态解析：CGSS 与 CLDS 混合横截面数据的经验证据 [J]. 管理世界（4）：79-91.

杨刚强，孟霞，孙元元，等，2016. 家庭决策、公共服务差异与劳动力转移 [J]. 宏观经济研究（6）：105-117.

杨沫，王岩，2020. 中国居民代际收入流动性的变化趋势及影响机制研究 [J]. 管理世界，36（3）：60-76.

杨汝岱，刘伟，2019. 市场化与中国代际收入流动 [J]. 湘潭大学学报（哲学社会科学版），43（1）：112-118.

杨义武，林万龙，张莉琴，2017. 地方公共品供给与人口迁移：来自地级及以上城市的经验证据 [J]. 中国人口科学（2）：93-103.

姚从容，2013. 流动的中国人口与空间集聚：兼论主体功能区的代际伦理 [J]. 江西社会科学，33（10）：40-47.

姚永玲，王帅，2014. 北京市城市公共服务与人口空间分布 [J]. 人口与经济（5）：62-68.

袁霓，2008. 家庭迁移决策分析：基于中国农村的证据 [J]. 人口与经济（6）：15-20.

原新，邬沧萍，李建民，等，2009. 新中国人口 60 年 [J]. 人口研究，

33（5）：42-67.

瞿振武，王宇，石琦，2019. 中国流动人口走向何方？[J]. 人口研究，43（2）：6-11.

张桂金，张东，周文，2016. 多代流动效应：来自中国的证据 [J]. 社会，36（3）：216-240.

张吉鹏，黄金，王军辉，等，2020. 城市落户门槛与劳动力回流 [J]. 经济研究（7）：175-190.

张莉，何晶，马润泓，2017. 房价如何影响劳动力流动？[J]. 经济研究（8）：155-170.

张亚丽，方齐云，2019. 城市舒适度对劳动力流动的影响 [J]. 中国人口·资源与环境，29（3）：118-125.

章铮，杜峥鸣，乔晓春，2008. 论农民工就业与城市化：基于年龄结构—生命周期分析 [J]. 中国人口科学（6）：8-18.

章铮，2006. 进城定居还是回乡发展？：民工迁移决策的生命周期分析 [J]. 中国农村经济（7）：21-29.

赵红霞，高培培，2017. 子代教育对中国农村贫困代际传递的影响：基于 CHIP2013 的实证分析 [J]. 教育学术月刊（12）：26-32.

赵耀辉，刘启明，1997. 中国城乡迁移的历史研究：1949—1985 [J]. 中国人口科学（2）：26-35.

郑思齐，符育明，任荣荣，2011. 居民对城市生活质量的偏好：从住房成本变动和收敛角度的研究 [J]. 世界经济文汇（2）：35-51.

郑作彧，胡珊，2018. 生命历程的制度化：欧陆生命历程研究的范式与方法 [J]. 社会学研究，33（2）：214-241.

仲亚琴，2016. 儿童期社会经济地位与成年健康的关系 [J]. 中国学校卫生，37（5）：797-800.

周文，赵方，杨飞，等，2017. 土地流转、户籍制度改革与中国城市化：理论与模拟 [J]. 经济研究（6）：183-197.

周颖刚，蒙莉娜，卢琪，2019. 高房价挤出了谁？：基于中国流动人口的微观视角 [J]. 经济研究，54（9）：106-122.

朱欣乐，丁志国，2013. 农民外出打工偏好分析：基于影响因素和地点偏好视角 [J]. 农业技术经济（12）：15-24.

邹薇，马占利，2019. 家庭背景、代际传递与教育不平等 [J]. 中国工

业经济 （2）：80−98.

ABRAMITZKY R, BOUSTAN L, JÁCOME E, et al., 2021. Intergenerational mobility of Immigrants in the United States over two centuries [J]. American economic review, 111 （2）：580−608.

ALBOUY D, GRAF W, KELLOGG R, et al., 2016. Climate amenities, climate change, and American quality of life [J]. Journal of the association of environmental and resource economists, 3 （1）：205−246.

ALESINA A, HOHMANN S, MICHALOPOULOS S, et al., 2021. Intergenerational mobility in Africa [J]. Econometrica, 89 （1）：1−35.

ALESINA A, STANTCHEVA S, TESO E, 2018. Intergenerational mobility and preferences for redistribution [J]. American economic review, 108 （2）：521−554.

ANGRIST J D, IMBENS G W, RUBIN D B, 1996. Identification of causal effects using instrumental variables [J]. Journal of the American statistical association, 91 （434）：444−455.

ARSDOL M D V, SABAGH G, BUTLER E W, 1968. Retrospective and subsequent metropolitan residential mobility [J]. Demography （5）：249−267.

AURIOL E, DEMONSANT J L, 2012. Education and migration choices in hierarchical societies：The Case of Matam, Senegal [J]. Regional science and urban economics, 42 （5）：875−889.

BARNHARDT S, FIELD E, PANDE R, 2017. Moving to opportunity or isolation？Network effects of a randomized housing lottery in urban India [J]. American economic journal：Applied economics, 9 （1）：1−32.

BAYER P, MCMILLAN R, MURPHY A, et al., 2016. A dynamic model of demand for houses and neighborhoods [J]. Econometrica, 84 （3）：893−942.

BAYER P, ROSS S L, TOPA G, 2008. Place of work and place of residence：Informal hiring networks and labor market outcomes [J]. Journal of political economy, 116 （6）：1150−1196.

BECKER G S, TOMES N, 1979. An equilibrium theory of the distribution of income and intergenerational mobility [J]. Journal of political economy, 87 （6）：1153−1189.

BECKER G S, TOMES N, 1986. Human capital and the rise and fall of families [J]. Journal of labor economics, 4 (3): S1-S39.

BECKER S O, GROSFELD I, GROSJEAN P, et al., 2019. Forced migration and human capital: Evidence from post-WWII population transfers [J]. NBER Working Paper No. 24704.

BERGMAN P, CHETTY R, DELUCA S, et al., 2019. Creating moves to opportunity: Experimental evidence on barriers to neighborhood choice [R]. NBER working paper No. 26164.

BJÖRKLUND A, ROINE J, WALDENSTRÖM D, 2012. Intergenerational top income mobility in Sweden: Capitalist dynasties in the land of equal opportunity? [J]. Journal of public economics, 96 (5-6): 474-484.

BORJA G J, 1987. Self-selection and the earnings of immigrants [J]. American economic review, 77 (4): 531-553.

BORJAS G J, 1999. The economic analysis of immigration [C] // Handbook of labor economics (Vol. 3): Elsevier science B. V.

BOSKER M, DEICHMANN U, ROBERTS M, 2018. Hukou and highways the impact of China's spatial development policies on urbanization and regional inequality [J]. Regional science and urban economics (71): 91-109.

BRUCE N K, 2004. Spatial scale, return and onward migration, and the long-boertlein index of repeat migration [J]. Papers in regional science, 84 (2): 281-290.

CHADWICK L, SOLON G, 2002. Intergenerational income mobility among daughters [J]. American economic review, 92 (1): 335-344.

CHAKRABORTY D, KURI P K, 2017. The household level determinants in the choice and level of migration [J]. Environment and urbanization ASIA, 8 (1): 94-104.

CHEN Y, ROSENTHAL S. S, 2008. Local amenities and life-cycle migration: Do people move for jobs or fun? [J]. Journal of Urban economics, 64 (3): 519-537.

CHERNINA E, CASTAÑEDA D P, MARKEVICH A, 2014. Property rights, land liquidity, and internal migration [J]. Journal of development economics (110): 191-215.

CHETTY R, FRIEDMAN J N, Hendren N, et al., 2018. The opportunity atlas: Mapping the childhood roots of social mobility [J]. NBER Working Paper No. 25147.

CHETTY R, GRUSKY D, HELL M, et al., 2017. The fading American dream: Trends in absolute income mobility since 1940 [J]. Science (356): 398-406.

CHETTY R, HENDREN N, 2018. The impacts of neighborhoods on intergenerational mobility I: Childhood exposure effects [J]. Quarterly journal of economics, 133 (3): 1107-1162.

CHETTY R, HENDREN N, KATZ L F, 2016. The effects of exposure to better neighborhoods on children: New evidence from the moving to opportunity experiment [J]. American economic review, 106 (4): 855-902.

CHETTY R, HENDREN N, KLINE P, et al., 2014. Where is the land of opportunity? The geography of intergenerational mobility in the United States [J]. Quarterly journal of economics, 129 (4): 1553-1623.

CHU Y W L, LIN M J, 2019. Intergenerational earnings mobility in Taiwan: 1990 - 2010 [J]. Empirical economics.

CHYN E, 2018. Moved to Opportunity: The long-run effects of public housing demolition on children [J]. American economic review, 108 (10): 3028-3056.

CLARK W A V, 2013. Life course events and residential change: Unpacking age effects on the probability of moving [J]. Journal of population research, 30 (4): 319-334.

COLEMAN J S, 1988. Social capital in the creation of human capital [J]. American journal of sociology (94): S95-S120.

CONNOLLY M, CORAK M, HAECK C, 2019. Intergenerational mobility between and within Canada and the United States [R]. NBER working paper No. 25735.

CORAK M, HEISZ A, 1999. The intergenerational earnings and income mobility of canadian men: Evidence from longitudinal income tax data [J]. Journal of human resources, 34 (3): 504-533.

DAVANZO J, 1981. Repeat migration, information costs, and location-specific capital [J]. Population and environment, 4 (1): 45-73.

DAVANZO J, 1983. Repeat migration in the United States: Who moves back and who moves on? [J]. The review of economics and statistics, 65 (4):

552-559.

DERENONCOURT E, 2019. Can you move to opportunity? Evidence from the great migration [R]. Job market paper.

DESMET K, ROSSI-HANSBERG E, 2013. Urban accounting and welfare [J]. American economic review, 103 (6): 2296-2327.

DIAMOND R, 2016. The determinants and welfare implications of US workers' diverging location choices by skill: 1980-2000 [J]. American economic review, 106 (3): 479-524.

DUSTMANN C, 2008. Return migration, investment in children, and intergenerational mobility: Comparing sons of foreign and native-born fathers [J]. Journal of human resources, 43 (2): 299-324.

ELDER G H, 1975. Age differentiation and the life course [J]. The annual review of sociology (1): 165-190.

ELDER G H, JOHNSON M K, CROSNOE R, 2003. The emergence and development of life course theory [C] // Jeylan T M, Michael J S. Handbook of the life course. New York: Kluwer Academic/Plenum Publishers.

FALKINGHAM J, SAGE J, STONE J, et al., 2016. Residential mobility across the life course: Continuity and change across three cohorts in Britain [J]. Advances in life course research (30): 111-123.

FAN Y, 2016. Intergenerational income persistence and transmission mechanism: Evidence from urban China [J]. China Economic Review (41): 299-314.

FAN Y, YI J, ZHANG J, 2021. Rising intergenerational income persistence in China [J]. American economic journal: Economic policy, 13 (1): 202-232.

FIELDS G S, OK E A, 1996. The meaning and measurement of income mobility [J]. Journal of economic theory, 71 (2): 349-377.

FISCHER P A, MALMBERG G, 2001. Settled people don't move: On life course and (im-) mobility in Sweden [J]. International journal of population geography (7): 357-371.

GAER D V D, SCHOKKAERT E, MARTINEZ M, 2001. Three meanings of intergenerational mobility [J]. Economica, 68 (272): 519-537.

GIBSON J, MCKENZIE D, ROHORUA H, et al., 2019. The Long-term impact of international migration on economic decision-making: Evidence from a

Migration Lottery and Lab-in-the-Field Experiments [J]. Journal of Development Economics (138): 99-115.

GONG H, LEIGH A, MENG X, 2012. Intergenerational Income Mobility in Urban China [J]. Review of Income and Wealth, 58 (3): 481-503.

GOUSKOVA E, CHITEJI N, STAFFORD F, 2010. Estimating Intergenerational Persistence of Lifetime Earnings with Life Course Matching: Evidence from Psid [J]. Labour economics, 17 (3): 592-597.

GRAAF N D D, FLAP H D, 1988. "With a little help from my friends": Social resources as an explanation of occupational status and income in West Germany, the Netherlands, and the United States [J]. Social forces, 67 (2): 452-472.

GRAY C L, 2009. Environment, land, and rural out - migration in the Southern Ecuadorian Andes [J]. World development, 37 (2): 457-468.

GROOT C D, MULDER C H, DAS M, et al., 2011. Life events and the gap between intention to move and actual mobility [J]. Environment and planning A: Economy and space, 43 (1): 48-66.

GUO C, MIN W, 2008. Education and intergenerational income mobility in urban China [J]. Frontiers of education in China, 3 (1): 22-44.

HARDING D J, 2003. Counterfactual models of neighborhood effects: The effect of neighborhood poverty on dropping out and teenage pregnancy [J]. American journal of sociology, 109 (3): 676-719.

HIWATARI M, 2016. Social networks and migration decisions: The influence of peer effects in rural households in Central Asia [J]. Journal of comparative economics, 44 (4): 1115-1131.

HNATKOVSKA V, LAHIRI A, PAUL S B, 2013. Breaking the caste barrier intergenerational mobility in India [J]. Journal of human resources, 48 (2): 435-473.

HONG G, 2016. Examining the role of amenities in migration decisions: A structural estimation approach [J]. Papers in regional science, 95 (4): 733-754.

IMBENS G W, ANGRIST J D, 1994. Identification and estimation of local average treatment effects [J]. Econometrica, 62 (2): 467-475.

JACOB B A, 2004. Public housing, housing vouchers, and student achievement: Evidence from public housing demolitions in Chicago [J]. American economic review, 94 (1): 233-258.

JACOB B A, KAPUSTIN M, LUDWIG J, 2015. The impact of housing assistance on child outcomes: Evidence from a randomized housing lottery [J]. Quarterly journal of economics, 130 (1): 465-506.

JACOB B A, LUDWIG J, 2012. The effects of housing assistance on labor supply: Evidence from a voucher lottery [J]. American economic review, 102 (1): 272-304.

JEON J S, 2020. Moving away from opportunity? Social networks and access to social services [J]. Urban studies, 57 (8): 1696-1713.

KADUSHIN C, JONES D J, 1992. Social networks and urban neighborhoods in New York city [J]. City and society, 6 (1): 58-75.

KALTER F, 2010. Social Capital and the dynamics of temporary labour migration from Poland to Germany [J]. European sociological review, 27 (5): 555-569.

KATZ L F, KLING J R, LIEBMAN J B, 2001. Moving to opportunity in Boston: Early results of a randomized mobility experiment [J]. Quarterly Journal of Economics, 116 (2): 607-654.

KAU J B, SIRMANS C F, 1986. New, repeat, and return migration: A study of migrant types [J]. Southern Economic Journal, 42 (3): 1144.

KEELING D, 2009. Repeat migration between Europe and the United States, 1870-1914 [R]. working paper.

KENNAN J, WALKER J R, 2011. The effect of expected income on individual migration decisions [J]. Econometrica, 79 (1): 211-251.

KIM S, 2017. Intergenerational mobility in Korea [J]. IZA journal of development and migration, 7 (1): 1-18.

KLING J R, LIEBMAN J B, KATZ L F, 2007. Experimental analysis of neighborhood effects [J]. Econometrica, 75 (1): 83-119.

KULU H, 2008. Fertility and spatial mobility in the life course: Evidence from Austria [J]. Environment and planning A: Economy and space, 40 (3): 632-652.

LAGAKOS D, MOBARAK A M, WAUGH M E, 2018. The welfare effects of encouraging rural-urban migration [R]. NBER working paper No. 24193.

LEE C I, SOLON G, 2009. Trends in Intergenerational income mobility [J]. Review of economic studies, 91 (4): 766-772.

LEE E S, 1966. A theory of migration [J]. Demography, 3 (1): 47-57.

LESSEM R, 2018. Mexico-U. S. immigration: Effects of wages and border enforcement [J]. Review of economic studies (85): 2353-2388.

LEWIS W A, 1954. Economic development with unlimited supplies of labour [J]. The Manchester school, 28 (2): 139-191.

LI B, WALDER A G, 2001. Career advancement as party patronage: Sponsored mobility into the Chinese administrative elite, 1949-1996 [J]. American journal of sociology, 106 (5): 1371-1408.

LI Z, LIU L, WANG M, 2014. Intergenerational income mobility and public education spending: Evidence from China [J]. Children and youth services review, 40, 89-97.

LIU M M, 2013. Migrant networks and international migration: Testing weak ties [J]. Demography, 50 (4): 1243-1277.

LIU Y, SHEN J, 2014. Jobs or amenities? Location choices of interprovincial skilled migrants in China, 2000-2005 [J]. Population, space and place, 20 (7): 592-605.

LUDWIG J, DUNCAN G J, GENNETIAN L A, et al., 2012. Neighborhood effects on the long-term well-being of low-income adults [J]. Science, 337 (21): 1505-1510.

MCFADDEN D, 1974. Conditional logit analysis of qualitative choice behavior [M]. New York: Academic press.

MCKENZIE D, RAPOPORT H, 2007. Network effects and the dynamics of migration and inequality: Theory and evidence from Mexico [J]. Journal of development economics, 84 (1): 1-24.

MORTIMER J T, SHANAHAN M J, 2003. Handbook of the life course [M]. New York: Kluwer Academic/Plenum.

MURTAZASHVILI I, LIU D, PROKHOROV A, 2015. Two-sample non-parametric estimation of intergenerational income mobility in the United States and Sweden [J]. The Canadian journal of economics / revue canadienne d´economique, 48 (5): 1733-1761.

NAKAMURA E, SIGURDSSON J, STEINSSON J, 2019. The gift of moving: Intergenerational consequences of a mobility shock [R]. NBER working paper No. 22392.

NEIDHÖFER G, 2019. Intergenerational mobility and the rise and fall of inequality: Lessons from latin america [J]. Journal of economic inequality, 17 (4): 499-520.

NYBOM M, STUHLER J, 2016. Heterogeneous income profiles and life-cycle bias in intergenerational mobility estimation [J]. Journal of human resources, 51 (1): 239-268.

OATES W E, 1969. The effects of property taxes and local public spending on property values: An empirical study of tax capitalization and the tiebout hypothesis [J]. Journal of political economy, 77 (6): 957-971.

PAREDES-OROZCO G, 2019. The limits to cumulative causation revisited urban-origin Mexico-US migration in an era of increased immigration restrictions [J]. Demographic research (41): 815-846.

PORTES A, 1998. Social capital: Its origins and applications in modern sociology [J]. Annual review of sociology (24): 1-24.

RABE B, TAYLOR M, 2010. Residential mobility, quality of neighbourhood and life course events [J]. Journal of the royal statistical society, 173 (3): 531-555.

RANIS G, FEI J C H, 1961. A theory of economic development [J]. American economic review, 51 (4): 533-565.

ROBACK J, 1982. Wages, rents, and the quality of life [J]. Journal of political economy, 90 (6): 1257-1278.

ROGERS A, 1978. Model migration schedules: An application using data for the soviet union [J]. Canadian studies in population (5): 85-98.

ROSEN S, 1979. Wage-based indexes of urban quality of life [M] // MIESZKOWSKI P, STRASZHEIM M. Current issues in urban economics. Baltimore: John Hopkins university press: 74-104.

ROY A D, 1951. Some thoughts on the distribution of earnings [J]. Oxford economic papers, 3 (2): 135-146.

RUST J, 1987. Optimal replacement of GMC bus engines: An empirical model of Harold Zurcher [J]. Econometrica, 55 (5): 999-1033.

SANDER N, BELL M, 2013. Migration and retirement in the life course: An Event history approach [J]. Journal of population research, 31 (1): 1-27.

SCHMIDT N M, NGUYEN Q C, KEHM R, et al., 2020. Do changes in neighborhood social context mediate the effects of the moving to opportunity experiment on adolescent mental health? [J]. Health and place, 63 (2020): 102331.

SEQUEIRA S, NUNN N, QIAN N, 2020. Immigrants and the making of America [J]. Review of economic studies, 87 (1): 382-419.

SETTERSTEN R A, MAYER K U, 1997. The measurement of age, age structuring, and the life course [J]. Annual review of sociology (23): 233-261.

SHEN J, LIU Y, 2016. Skilled and less-skilled interregional migration in China: A comparative analysis of spatial patterns and the decision to migrate in 2000-2005 [J]. Habitat internationa (57): 1-10.

SMALL M L, 2007. Racial differences in networks: Do neighborhood conditions matter? [J]. Social science quarterly, 88 (2): 320-343.

SOLON G, 1992. Intergenerational income mobility in the United States [J]. American economic review, 82 (3): 393-408.

SOUTH S J, HAYNIE D L, BOSE, S, 2007. Student mobility and school dropout [J]. Social science research, 36 (1): 68-94.

STARK O, BLOOM D E, 1985. The new economics of labor migration [J]. American economic review, 75 (2): 173-178.

STARK O, LEVHARI D, 1982. On Migration and risk in LDCs [J]. Economic development and cultural change, 31 (1): 191-196.

STOCK J H, WRIGHT J H, YOGO M, 2002. A survey of weak instruments and weak identification in generalized method of moments [J]. Journal of business & economic statistics, 20 (4): 518-529.

TIEBOUT C M, 1956. A pure theory of local expenditures [J]. Journal of political economy, 64 (5): 416-424.

TITAN E, OTOIU A, 2014. Does aging influence migration in Romania? A comprehensive analysis [J]. Procedia economics and finance (10): 87-96.

TODARO M P, 1969. A model of labor migration and urban unemployment in less developed countries ［J］. American economic review, 59 （1）: 138-148.

TRAN T A, 2019. Land use change driven out-migration: Evidence from three flood-prone communities in the Vietnamese Mekong Delta ［J］. Land use policy, 88.

VALDES R I R, LAWELL C Y C L, TAYLOR J E, 2017. The dynamic migration game: A structural econometric model and application to rural Mexico ［R］. Working paper.

VIDAL S, LUTZ K, 2018. Internal migration over young adult life courses: Continuities and changes across cohorts in west Germany ［J］. Advances in life course research （36）: 45-56.

WALDER A G, LI B, TREIMAN D J, 2000. Politics and life chances in a state socialist regime: Dual career paths into the urban Chinese elite, 1949 to 1996 ［J］. American sociological review, 65 （2）: 191-209.

WILLIAMS N, 2009. Education, gender, and migration in the context of social change ［J］. Social science research, 38 （4）: 883-896.

WINTERS P, JANVRY A D, SADOULET E, 2001. Family and community networks in Mexico-U. S. migration ［J］. Journal of human resources, 36 （1）: 159-184.

YUAN W, 2017. The Sins of the fathers: Intergenerational income mobility in China ［J］. Review of income and wealth, 63 （2）: 219-233.

YUAN Z, CHEN L, 2013. The trend and mechanism of intergenerational income mobility in China: An analysis from the perspective of human capital, social capital and wealth ［J］. The world economy, 36 （7）: 880-898.

ZELINSKY W, 1971. The hypothesis of the mobility transition ［J］. Geographical review, 61 （2）: 219-249.

ZHENG S, FU Y, LIU H, 2008. Demand for urban quality of living in China: Evolution in compensating land-rent and wage-rate differentials ［J］. Journal of real estate finance and economics, 38 （3）: 194-213.

ZHOU X, HOU L, 1999. Children of the cultural revolution: The state and the life course in the People′s Republic of China ［J］. American sociological review, 64 （1）: 12-36.

ZHOU X, MOEN P, 2001. Explaining life chances in China′s Economic

Transformation：A life course approach ［J］. Social science research，30（4）：552−577.

ZHU N，2002. The impacts of income gaps on migration decisions in China ［J］. China economic review（13）：213−230.